TRILHANDO CAMINHOS NA PSICOPEDAGOGIA

RELATO DE CASOS – TEORIA E PRÁTICA.
PROJETO SOCIAL DA ABPp SEÇÃO SÃO PAULO

Editora Appris Ltda.
1.ª Edição - Copyright© 2025 dos autores
Direitos de Edição Reservados à Editora Appris Ltda.

Nenhuma parte desta obra poderá ser utilizada indevidamente, sem estar de acordo com a Lei nº 9.610/98. Se incorreções forem encontradas, serão de exclusiva responsabilidade de seus organizadores. Foi realizado o Depósito Legal na Fundação Biblioteca Nacional, de acordo com as Leis nᵒˢ 10.994, de 14/12/2004, e 12.192, de 14/01/2010.

Catalogação na Fonte
Elaborado por: Dayanne Leal Souza
Bibliotecária CRB 9/2162

T829t 2025	Trilhando caminhos na psicopedagogia: relato de casos – teoria e prática: projeto social da ABPp seção de São Paulo / Maria Cristina Natel, Rebeca Lescher Nogueira de Oliveira, Sandra Lia Nisterhofen Santilli (orgs.). – 1. ed. – Curitiba: Appris, 2025. 189 p. ; 23 cm. – (Coleção Educação, Tecnologias e Transdisciplinaridades). Vários autores. Inclui referências. ISBN 978-65-250-7880-9 1. Aprendizagem. 2. Criança. 3. Adolescente. I. Natel, Maria Cristina. II. Oliveira, Rebeca Lescher Nogueira de. III. Santilli, Sandra Lia Nisterhofen. IV. Título. V. Série. CDD – 370.152 3

Livro de acordo com a normalização técnica da ABNT

Editora e Livraria Appris Ltda.
Av. Manoel Ribas, 2265 – Mercês
Curitiba/PR – CEP: 80810-002
Tel. (41) 3156 - 4731
www.editoraappris.com.br

Printed in Brazil
Impresso no Brasil

Maria Cristina Natel
Rebeca Lescher Nogueira de Oliveira
Sandra Lia Nisterhofen Santilli
(orgs.)

TRILHANDO CAMINHOS NA PSICOPEDAGOGIA
RELATO DE CASOS — TEORIA E PRÁTICA.
PROJETO SOCIAL DA ABPp SEÇÃO SÃO PAULO

Appris editora

Curitiba, PR
2025

FICHA TÉCNICA

EDITORIAL
Augusto Coelho
Sara C. de Andrade Coelho

COMITÊ EDITORIAL E CONSULTORIAS
Ana El Achkar (Universo/RJ)
Andréa Barbosa Gouveia (UFPR)
Antonio Evangelista de Souza Netto (PUC-SP)
Belinda Cunha (UFPB)
Délton Winter de Carvalho (FMP)
Edson da Silva (UFVJM)
Eliete Correia dos Santos (UEPB)
Erineu Foerste (Ufes)
Fabiano Santos (UERJ-IESP)
Francinete Fernandes de Sousa (UEPB)
Francisco Carlos Duarte (PUCPR)
Francisco de Assis (Fiam-Faam-SP-Brasil)
Gláucia Figueiredo (UNIPAMPA/ UDELAR)
Jacques de Lima Ferreira (UNOESC)
Jean Carlos Gonçalves (UFPR)
José Wálter Nunes (UnB)
Junia de Vilhena (PUC-RIO)
Lucas Mesquita (UNILA)
Márcia Gonçalves (Unitau)
Maria Margarida de Andrade (Umack)
Marilda A. Behrens (PUCPR)
Marilia Andrade Torales Campos (UFPR)
Marli C. de Andrade
Patrícia L. Torres (PUCPR)
Paula Costa Mosca Macedo (UNIFESP)
Ramon Blanco (UNILA)
Roberta Ecleide Kelly (NEPE)
Roque Ismael da Costa Güllich (UFFS)
Sergio Gomes (UFRJ)
Tiago Gagliano Pinto Alberto (PUCPR)
Toni Reis (UP)
Valdomiro de Oliveira (UFPR)

SUPERVISORA EDITORIAL Renata C. Lopes
PRODUÇÃO EDITORIAL Camila Dias Manoel
REVISÃO Bruna Holmen
DIAGRAMAÇÃO Colméia Studios
CAPA Eneo Lage
REVISÃO DE PROVA Lavínia Albuquerque

COMITÊ CIENTÍFICO DA COLEÇÃO EDUCAÇÃO, TECNOLOGIAS E TRANSDISCIPLINARIDADE

DIREÇÃO CIENTÍFICA
Dr.ª Marilda A. Behrens (PUCPR)
Dr.ª Patrícia L. Torres (PUCPR)

CONSULTORES
Dr.ª Ademilde Silveira Sartori (Udesc)
Dr. Ángel H. Facundo (Univ. Externado de Colômbia)
Dr.ª Ariana Maria de Almeida Matos Cosme (Universidade do Porto/Portugal)
Dr. Artieres Estevão Romeiro (Universidade Técnica Particular de Loja-Equador)
Dr. Bento Duarte da Silva (Universidade do Minho/Portugal)
Dr. Claudio Rama (Univ. de la Empresa-Uruguai)
Dr.ª Cristiane de Oliveira Busato Smith (Arizona State University /EUA)
Dr.ª Dulce Márcia Cruz (Ufsc)
Dr.ª Edméa Santos (Uerj)
Dr.ª Eliane Schlemmer (Unisinos)
Dr.ª Ercilia Maria Angeli Teixeira de Paula (UEM)
Dr.ª Evelise Maria Labatut Portilho (PUCPR)
Dr.ª Evelyn de Almeida Orlando (PUCPR)
Dr. Francisco Antonio Pereira Fialho (Ufsc)
Dr.ª Fabiane Oliveira (PUCPR)
Dr.ª Iara Cordeiro de Melo Franco (PUC Minas)
Dr. João Augusto Mattar Neto (PUC-SP)
Dr. José Manuel Moran Costas (Universidade Anhembi Morumbi)
Dr.ª Lúcia Amante (Univ. Aberta-Portugal)
Dr.ª Lucia Maria Martins Giraffa (PUCRS)
Dr. Marco Antonio da Silva (Uerj)
Dr.ª Maria Altina da Silva Ramos (Universidade do Minho-Portugal)
Dr.ª Maria Joana Mader Joaquim (HC-UFPR)
Dr. Reginaldo Rodrigues da Costa (PUCPR)
Dr. Ricardo Antunes de Sá (UFPR)
Dr.ª Romilda Teodora Ens (PUCPR)
Dr. Rui Trindade (Univ. do Porto-Portugal)
Dr.ª Sonia Ana Charchut Leszczynski (UTFPR)
Dr.ª Vani Moreira Kenski (USP)

AGRADECIMENTOS

Nossos agradecimentos a todos que, direta ou indiretamente, participaram do Projeto Social da ABPp Seção São Paulo. Desde a validação da ideia até a ampliação de sua atuação, pudemos contar com a participação dos conselhos estaduais, das diretorias, das associadas voluntárias supervisoras e supervisionandas, dos parceiros que tanto nos apoiaram e acreditaram nas possibilidades deste fazer psicopedagógico. Agradecemos também às queridas Zeza, Leda e Teresa, que prontamente atenderam ao nosso pedido para leitura do livro e contribuíram com suas observações.

Dedicamos esta obra a todos os psicopedagogos que se dispõem a uma ação voluntária e, inspirados em nossa história, possam desenvolver ações multiplicadoras, acessíveis e transformadoras, minimizando os efeitos da não aprendizagem.

PREFÁCIO

Ao ler este livro, senti uma grande alegria de ver a Seção São Paulo da ABPp com o seu projeto social Sementes do Amanhã, já adolescente, apresentando constante crescimento e excelentes resultados. Além disso, com um registro muito rico do desenvolvimento do seu trabalho, cumprindo assim a responsabilidade social da Seção São Paulo. O livro, além de contar a história do projeto, chama atenção para a importância da supervisão para o/a psicopedagogo/a e nos presenteia com ricos estudos de caso. Sugiro que este livro seja lido e estudado em todos os núcleos e sessões da ABPp e pelas pessoas que querem cumprir individualmente sua Responsabilidade Social.

Maria José Weyne Melo de Castro
Fonoaudióloga, psicopedagoga, educadora biocêntrica e fundadora do Projeto Lumiar da ABPp Seção Ceará

Sementes do amanhã, sejam muito bem-vindas, porque é no presente, mas assimilando o passado, que se projeta o futuro. As experiências relatadas neste livro trazem contribuições importantes para a formação do psicopedagogo; seja no aspecto de capacitá-lo para seu ofício, seja em sua responsabilidade social e ética. São sementes que desabrocham em diferentes espécimes e espaços da construção da identidade do psicopedagogo; na clínica, nas instituições, na escrita e nas trocas com profissionais de outras áreas, momento em que o psicopedagogo assume e delimita o seu lugar. O livro é um trabalho coletivo da ABPp SP, árvore frondosa, fruto de outras sementes, que florescerão no porvir. Vale a pena a leitura.

Leda Maria Codeco Barone

Doutora em Psicologia Escolar pelo Instituto de Psicologia da USP; psicopedagoga membro da ABPp; psicanalista membro associado da Sociedade Brasileira de Psicanálise de São Paulo; autora do livro De ler o desejo ao desejo de ler (Vozes)

A ABPp Seção São Paulo e todos os envolvidos na construção deste livro convidam os leitores das áreas de Educação e Saúde, profissionais psicopedagogos, associados, alunos e todo público em geral para realizar uma leitura interessante, envolvente, atual, humanista e diversa a respeito de temas relevantes da Psicopedagogia no contexto Clínico Social-Institucional que envolvem o sujeito ativo e não ativo da aprendizagem. Com seus registros sobre o histórico do Projeto Social Sementes do Amanhã, esta obra prova que, no cenário desse Projeto Social iniciado em 2011, muitos protagonistas participaram dessa cena e constataram que SIM, podemos provar: 1) o Projeto Social na Psicopedagogia é possível; 2) a Supervisão é um espaço de reflexão, análise, elaboração e formação da práxis psicopedagógica quando avalia e atua com crianças e adolescentes em situação de não aprendizagem vulneráveis socialmente; 3) em uma ação sócio-humanitária realizada na interface com outros profissionais especialistas e que, de mãos dadas com as famílias desses não aprendentes, buscam com acolhimento a construção de vínculos, para juntos caminharem na execução desse Projeto Social, oportunizando melhores condições de vida enquanto sujeito de sua própria história; 4) com o tema de crianças que não aprendem, as autoras relatam a atuação do exercício da Psicopedagogia Clínica pela supervisora e pelos supervisionandos, alunos dos cursos de Psicopedagogia em sua práxis psicopedagógica que estiveram a serviço de produzir sentidos na avaliação e intervenção psicopedagógica para cada caso clínico estudado pela equipe do Projeto Social Sementes do Amanhã em suas parcerias com o SAICA (Serviço de Acolhimento Institucional para Crianças e Adolescentes), mais especificamente o Gabriel e a Clara, ambos crianças de 8 anos apresentando queixas relacionadas ao processo básico de aprendizagem. Eles ainda não estavam alfabetizados. Na descrição das atividades realizadas na práxis Psicopedagógica, com satisfação, as autoras comprovam seus resultados de um bom desempenho e benefícios do trabalho psicopedagógico para inclusão dessas crianças do Projeto Social Sementes do Amanhã em um contexto de aprendizagem mais leve, saudável com condições de se desenvolverem em seus aspectos afetivos, cognitivos, físicos e sociais; 5) com a certeza desses resultados e das lições aprendidas por cada membro envolvido nesse cenário, o Projeto Sementes do Amanhã da ABPp Seção São Paulo estabelece com motivação a busca da continuidade de novos desafios e aprendizagens futuras, possibilitando às camadas sociais menos favorecidas o acesso ao trabalho de atendimento psicopedagógico prevenindo e remediando as consequências da não aprendizagem, como assim é um de seus objetivos. Boa reflexão!

Maria Teresa Andion

Psicopedagoga clínica e doutora em Psicologia Educacional

SUMÁRIO

INTRODUÇÃO 15

1
PROJETO SOCIAL NA PSICOPEDAGOGIA: ISSO É POSSÍVEL? 21
Maria Cristina Natel, Paula Roberta Martins Fernandes de Castro Santos,
Rebeca Lescher Nogueira de Oliveira & Sandra Lia Nisterhofen Santilli

2
A SUPERVISÃO COMO ESPAÇO DE REFLEXÃO, ANÁLISE E
ELABORAÇÃO: UMA EXPERIÊNCIA POSSÍVEL A PARTIR
DO PROJETO SOCIAL DA ABPp SP 33
Ariane Zanelli de Souza & Luciana Andréa Afonso Sigalla

3
PERCURSO DE APRENDIZAGEM: UM TRAJETO REVISITADO 59
Elisa Maria Pitombo & Marcella Frazão Nogueira

4
SERÁ MESMO QUE HÁ CRIANÇAS QUE NÃO APRENDEM? 69
Carin Homonnay Petti, Maria Cristina Natel & Silvana de Jesus Ribeiro da Silva

5
PROJETO SOCIAL: UMA AÇÃO HUMANITÁRIA 83
Mônica Mendes & Vanessa Cardoso Costa e Silva

6
O DESAFIO DE NÃO TRABALHARMOS SOZINHOS: A IMPORTÂNCIA DA
INTERFACE DO ATENDIMENTO PSICOPEDAGÓGICO COM OUTROS
ESPECIALISTAS 95
Rebeca Lescher Nogueira de Oliveira & Paula Roberta Martins Fernandes de Castro Santos

7
ENTRELAÇADOS: A IMPORTÂNCIA DO TRABALHO COM A FAMÍLIA NO
ATENDIMENTO PSICOPEDAGÓGICO DE ADOLESCENTES 109
Inez Maia Melchiades Gomes, Greicy Rodrigues Gasbarra & Sandra Casseri Rindeika

8
A IMPORTÂNCIA DA CONSTRUÇÃO DO VÍNCULO AFETIVO NO PROCESSO DE AVALIAÇÃO PSICOPEDAGÓGICA E SUA RELEVÂNCIA PARA A ANAMNESE 123
Cristiane Pascoal Zouki & Sonia Regina Santos de Lucca

9
A AMPLIAÇÃO DO FAZER PSICOPEDAGÓGICO COM A ESCUTA DO APRENDENTE 141
Valéria Rivellino Lourenzo & Carla Gonçalves Jaquetto

10
AS DORES E AS DELÍCIAS DA CLÍNICA PSICOPEDAGÓGICA............155
Solange Papa & Wylma Ferraz

11
PSICOPEDAGOGIA NO ÂMBITO INSTITUCIONAL: UM PERCURSO DE MUITAS VOZES...................................... 165
Maria Cristina Natel

12
ÉTICA E FORMAÇÃO NA PSICOPEDAGOGIA: REFLEXÕES NO CONTEXTO DO PROJETO SOCIAL DA ABPp SEÇÃO SÃO PAULO....173
Carla Labaki

SOBRE AS AUTORAS 183

INTRODUÇÃO

> *Ninguém caminha sem aprender a caminhar, sem aprender a fazer o caminho caminhando, refazendo e retocando o sonho pelo qual se pôs a caminhar.*
>
> *(Paulo Freire)*

Este livro tem como objetivo deixar a marca dos registros sobre o histórico do Projeto Social da Associação Brasileira de Psicopedagogia da Seção São Paulo, um dos braços e das ações da Associação, e retratar o pensar e a prática dentro de um contexto maior, que mostre de forma técnica e cativante. As ações do Projeto num universo social, com grande demanda em atendimentos psicopedagógicos, formações aos psicopedagogos que iniciam suas carreiras e supervisões praticadas pelos associados titulares da seção, aos associados que trabalham no projeto, além de cativantes, são motivadoras para os iniciantes em Psicopedagogia.

Há anos e em gestões anteriores, presenciei o trabalho, que já era animador e favorável e agora ficou melhor, com o crescimento e desenvolvimento aos atendidos no Projeto Social, numa escala crescente, na minha percepção. Ler o livro acabado mostra-me que o sonho se tornou realidade. Sonho sonhado, sonho vivido! O Projeto Social começou em 2011 e até hoje você, leitor, poderá acompanhar seu crescimento a partir da publicação deste livro. Por intermédio do nosso estado motivacional, alimentado pela ABPp SP, pelas coordenadoras do Projeto Social, Diretoria Executiva e com o apoio dos conselheiros estaduais, a partir desta gestão como diretora presidente, tecemos nossas experiências em formato de livro. O sonho que era meu em particular, de forma discreta, desde que entrei na ABPp SP em 2015, e compartilhado em 2015 na gestão de Sandra Lia, que tinha o mesmo sonho, coletivamente tomou força. Tanto que falávamos que seria importante a publicação deste livro para deixarmos registradas as vivências dos processos de atendimentos, supervisões, parcerias institucionais etc. O livro foi escrito no decorrer do ano de 2024, que marca a atual gestão.

O livro, composto a seis mãos, com muito esforço e dedicação, demonstra a ação integrada da equipe que aqui nomeio pelas coordenadoras do Projeto Social da ABPp SP, Maria Cristina Natel, Sandra Lia

Nisterhofen Santilli, Rebeca Lescher, e com o apoio indelével da Paula Roberta Martins Fernandes de Castro Santos.

Coordenadores, supervisores e supervisonandos dedilham palavras ao fio com as suas experiências traduzidas em ações psicopedagógicas. Construções e enredamento de um livro recheado de muito fazer, um fazer para quem ainda não conhece o assunto, alicerçados à nossa história dentro da ABPp SP. A historicidade faz da associação um marco e um trabalho empoderado de aprendizagem, ensinante e aprendente, formam-se numa dupla, conforme declaram Sara Paín e Alícia Fernandes.

Nestas páginas, vocês terão o prazer de conhecer os significados de um Projeto Social em prol da sociedade dirigido às crianças e aos adolescentes em situações de vulnerabilidade e das escolas públicas, o engajamento dos autores envolvidos em cada palavra com a combinação do aprender e ensinar, reafirma que essa constância de ações reverbera em desenvolvimento infantojuvenil, ampliando as funções cognitivas, importantes ao processo de aprendizagem. Essa potência favorece o aprendizado das crianças e dos adolescentes na Educação Básica, principalmente nos aspectos que envolvem a leitura, o raciocínio lógico, a interação social, as questões socioemocionais, as relações entre pais e filhos, família e escola.

No Capítulo 1, "Projeto social na psicopedagogia, isso é possível?", as autoras Maria Cristina Natel, Sandra Lia Nisterhofen Santilli, Rebeca Lescher e Paula Roberta Martins Fernandes de Castro Santos contam a trajetória do projeto, desde o seu nascimento até os dias de hoje, dezembro de 2024. O sonho tornou-se realidade após os 14 anos de sua existência. O Projeto ganhou nome em 2024, Sementes do Amanhã, com o apoio dos associados participantes integrados ao projeto. Esse trabalho, que é solidário e permanente, traz o estímulo ao psicopedagogo iniciante com os seus afazeres e pela formação constante. É possível exercer parcerias, conforme as autoras contam; elas entenderam que parcerias e trabalho em equipe fazem um projeto como esse sair dos nossos arquivos em *drives* e torná-lo público para servir de espelhamento a outras comunidades. É gratificante, é emoção e ao mesmo tempo transparência na ação.

No Capítulo 2, "A supervisão como espaço de reflexão, análise e elaboração: uma experiência possível a partir do projeto social da ABPp SP", as autoras Ariane Zanelli de Souza e Luciana Andréa Afonso Sigalla permeiam o tema de como se dá a dupla entre o supervisor e o supervisionando, numa relação em que o vínculo é uma das motivações para que haja as trocas que se traduzem em confiabilidade para falar da práxis. Ainda, por meio da investigação delicada das autoras, via questionário enviado aos supervisores e supervisonandos que participam do Projeto Social, apresentam as suas respostas. Neste sentido, o que toca em nós, ampliando o olhar, o meu, o seu e o nosso, como elemento sensível de reflexão, por meio de uma explosão de palavras mostram como a supervisão pode contribuir para a formação continuada de nós mesmos. Esse é um gancho importante para afirmar que fazer parte da Associação não é tão somente aprender, mas fazer parte de um coletivo, é estabelecer parceria, fazer parte e pertencer entre os pares para um propósito social, dentro de uma sociedade que demanda revisão e sua revisitação em educação, a partir de cada um.

No Capítulo 3, "Percurso de aprendizagem: um trajeto revisitado", as autoras Elisa Maria Pitombo e Marcella Frazão Nogueira caminham pelo estudo de caso, desvelando os passos da ação psicopedagógica, avaliação e intervenção, fortalecendo o sujeito em sua singularidade para aprender; uma verdadeira janela para que possamos, por meio de suas palavras, caminhar pela práxis psicopedagógica, experiências contadas entre a supervisonanda e a supervisora.

No Capítulo 4, "Será mesmo que há crianças que não aprendem?", as autoras Carin Homonnay Petti, Maria Cristina Natel e Silvana de Jesus Ribeiro da Silva constroem uma belíssima narrativa, em paralelo aos dois casos que andam simultaneamente pela práxis psicopedagógica. Avaliação e Intervenção Psicopedagógicas coexistem num manejo potente entre as supervisonandas e supervisoras. A questão se é possível aprender ou se há crianças que não aprendem paira em sala de aula, na escola, atualmente. E, de forma clarificada, tecem as ações psicopedagógicas de forma que a leitura aconteça fluidamente. Entre o risco e o erro, a criança aprende, e a leitura é a porta de entrada desses dois belos casos de estudos.

No Capítulo 5, "Projeto social: uma ação humanitária", de Mônica Mendes e Vanessa Cardoso Costa e Silva, as autoras afirmam que "a formação continuada de psicopedagogos é um investimento fundamental para garantir a qualidade e a eficácia do Projeto Social da Associação Brasileira de Psicopedagogia Seção São Paulo". Afirmam, portanto, que o Projeto Social tem por objetivo incluir, produzir interações e conteúdo em prol do sujeito com dificuldade de aprendizagem. Para tanto, neste capítulo, o diálogo segue pelas interfaces entre a Psicopedagogia e o Projeto Social, um casamento que deu certo e que vem ganhando frutos por meio da escuta e do olhar psicopedagógico, estabelecendo confiança entre esta tríade sujeito atendido, supervisonanda e supervisora, além da família e da escola (instituições). Nesse caminho, confira, no estudo de caso apresentado pelas autoras, a possibilidade de aprender sem discriminar, nem excluir; e a importância dos atendimentos no Projeto.

No Capítulo 6, "O desafio de não trabalharmos sozinhos: a importância da interface do atendimento psicopedagógico com outros especialistas", das autoras Rebeca Lescher Nogueira de Oliveira e Paula Roberta Martins Fernandes de Castro Santos, as autoras descrevem um caso da importância do trabalho multidisciplinar com os sujeitos atendidos em psicopedagogia. Faz-se necessária a intervenção por outros profissionais com especialidades diferentes para juntos alcançarem resultados significativos. Neste capítulo a leveza como elas conseguem trazer essas parcerias pode ser instituída na dinâmica entre esses vários profissionais com um mesmo aprendente, de forma a contribuir, e não danificar.

No Capítulo 7, "Entrelaçados: a importância do trabalho com a família no atendimento psicopedagógico de adolescentes", escrito pelas autoras Inez Maia Melchiades Gomes, Greicy Rodrigues Gasbarra e Sandra Casseri Rindeika, as autoras analisam os casos dos sujeitos com dificuldade de aprendizagem e/ou transtorno, a partir da intervenção e orientação familiar. Refletem se há possibilidade de a família atuar de forma que não contribua com a aprendizagem da criança ou do adolescente. Neste aspecto, o tema é enfatizado pelo psicopedagogo para intervir com a família e esta é levada a pensar sobre as ações, para compreender e assimilar novas estratégias no manejo em casa, favorecendo o aprendizado, alterando a rotina e organização do espaço.

No Capítulo 8, "A importância da construção do vínculo afetivo no processo de avaliação psicopedagógica e sua relevância para anamnese", as autoras Cristiane Pascoal Zouki e Sonia Regina Santos de Lucca ressaltam a relevância da boa anamnese, do levantamento de dados numa linha cronológica, mas também na perspectiva de uma escuta atenta e estabelecendo o vínculo com os atores envolvidos, sujeito, família, escola, psicopedagogo, e demais profissionais. Atenta-se à teoria de Enrique Pichon-Rivière, que traz o conceito de vínculo.

No Capítulo 9, "A ampliação do fazer psicopedagógico com a escuta do aprendente", as autoras Valéria Rivellino Lourenzo e Carla Gonçalves Jaquetto revelam o caso de um aprendente. Aprendente esse que é o cerne do desenvolvimento do texto, rico em detalhes, tanto em conceito como em função e ação. As palavras aqui registradas dançam com emoção, traduzindo a aprendizagem do aprendente em passos que se conquistam e confirmam que o trabalho psicopedagógico é potente para exprimir que todos podem aprender. Basta estar com o outro, e não com o poder sobre o outro. Estar com...

No Capítulo 10, "As dores e as delícias da clínica psicopedagógica", de Solange Papa e Wylma Ferraz, as autoras relatam o estudo de caso, com o processo passo a passo das sessões, desde a anamnese, avaliação, devolutiva, somado ao acompanhamento à família, e às supervisões. O relato faz psicopedagoga e supervisora refletirem sobre o caso, no sentido de que cada movimento está a serviço de mobilizar ambientes, seja no âmbito escolar e/ou familiar, mas por vezes da complexidade nasce a motivação de se permanecer nesse lugar do sujeito do psicopedagogo que também persevera de forma a dinamizar as emoções seja do paciente, da família ou de si próprio.

No Capítulo 11, "Psicopedagogia no âmbito institucional: um percurso de muitas vozes", Maria Cristina Natel conta para nós, de forma leve e consistente, sobre a parceria da ABPp SP com o Serviço de Acolhimento Institucional para Crianças e Adolescentes (Saica), esclarecendo seu conceito e finalidade bem como a constituição dessa parceria. Natel acrescenta a formação que a ABPp SP oferece aos psicopedagogos que atendem as crianças e os adolescentes da Saica, por meio de reuniões, atividades e práticas. Os atendimentos são acompanhados pelos psicopedagogos associados e que recebem a supervisão dos associados titulares da ABPp SP. Vale a pena a leitura para compreendermos essa parceria!

No Capítulo 12, "Ética e formação na psicopedagogia: reflexões no contexto do Projeto Social da ABPp Seção São Paulo", escrito pela autora Carla Labaki, ela nos convoca, como psicopedagogos, a pensar sobre as questões que envolvem o Código de Ética, documento de consulta da ABPp; Projeto Social da ABPp SP; conceitos de ética e moral. A partir de seu texto, que é elucidativo e provocador no aspecto do lê-lo, já nos sentimos parte dele, pois fala de nós, simples assim. Fazemos parte do texto sem escrevê-lo! Sim. Por que sim? Pois é a nossa prática à beira de nós mesmos como pessoas éticas, não somente na psicopedagogia, mas na vida pessoal, e humana, a partir de que qualquer outro além de mim deve ser olhado e escutado como se fosse eu a ser olhada e escutada por um outrem. Convido à leitura!

Na epígrafe, cito Paulo Freire, mais que querido e presente em educação na formação social de nós, pedagogos, "Ninguém caminha sem aprender a caminhar, sem aprender a fazer o caminho caminhando, refazendo e retocando o sonho pelo qual se pôs a caminhar». Posso confirmar assertivamente que o Projeto Social da Associação Brasileira de Psicopedagogia da Seção São Paulo tem na veia de seus trabalhos e caminha na mesma direção, pois, ao caminhar, aprende-se, ou seja, ao trabalhar e pensar sobre os atendimentos entre supervisionandos e supervisores, em constante formação, reuniões, eventos culturais, refazemos nossos fazeres, nossas teorias, nossas sessões, com a intervenção do supervisor, que se coloca no lugar de ensinante e aprendente, retocamos nosso sonho, construindo um funcionamento/desempenho que nos revela em conhecimentos, experiências e avaliações necessárias urgentes, para olhar, refazer, tecer, desmanchar, dar um novo ponto, entrelaçar, tecer novamente; e nesse enredamento nasceu este livro, com o empenho de todos os autores aqui presentes, aos quais só tenho a agradecer e a dizer que esse é um caminho que conforta, rejuvenesce e traz laços significativos para cada um que escreveu estas linhas. Sucesso a vocês autores, e convido o leitor a vir conosco nesta caminhada.

A literatura é uma saúde.

(Gilles Deleuze)

Ruth Nassiff

Diretora presidente da ABPp SP
Gestão triênio 2023-2025

PROJETO SOCIAL NA PSICOPEDAGOGIA: ISSO É POSSÍVEL?

Maria Cristina Natel
Paula Roberta Martins Fernandes de Castro Santos
Rebeca Lescher Nogueira de Oliveira
Sandra Lia Nisterhofen Santilli

[...] uma criança somente pode voltar-se para o aprender quando se sente cuidada e com suas necessidades atendidas.

(Winnicott, 2001)

Projetos Sociais são trabalhos desenvolvidos sem fins lucrativos, por organizações da sociedade civil, cuja finalidade é fomentar o desenvolvimento social, econômico, educacional ou cultural de uma comunidade ou de um grupo de indivíduos, em parcerias com instâncias governamentais, terceiro setor ou iniciativa privada, em atendimento às políticas públicas de saúde, educação ou assistência social.

A implementação de um projeto social é dependente da pesquisa para identificar uma necessidade, suas causas, o local e o público que será atingido; determinar os objetivos e metas a serem alcançados; e avaliar o percurso para sua execução, considerando as possibilidades de sustentabilidade dessa proposta para a nossa realidade.

A Associação Brasileira de Psicopedagogia – ABPp há tempos vem desenvolvendo Projetos Sociais, em alguns estados, com a adesão voluntária de associados efetivos, que realizam atendimento psicopedagógico, e de associados titulares, que oferecem a supervisão dos casos clínicos, garantindo assim o profissionalismo nas ações realizadas, que estão pautadas no Código de Ética e no Estatuto Associativo.

No Estatuto Associativo da ABPp Seção São Paulo, Capítulo II, artigo 4º, inciso VIII, está previsto como uma das finalidades: "criar, implantar e manter institutos e centros de estudo e pesquisa para o desenvolvimento de atividades científicas e projetos sociais" (Associação Brasileira de Psicopedagogia, 2023, p. 2).

Ainda que a existência do Projeto Social da ABPp SP esteja justificada nos artigos 2º e 4º do Estatuto Associativo, que tratam respectivamente "do aprimoramento técnico – científico de seus associados" e "do atendimento para pessoas em situação de risco e vulnerabilidade social por meio de programas, projetos e serviços, ligados a Psicopedagogia" (Associação Brasileira de Psicopedagogia, 2023, p. 1 e 2, a razão fundamental pela qual sua iniciativa existe está atrelada a sua missão:

> [...] desenvolver ações que busquem consolidar a identidade do psicopedagogo, enquanto profissional do processo de aprendizagem nos diversos segmentos da sociedade, constituindo-se como referência no Estado de São Paulo (Associação Brasileira de Psicopedagogia, 2023, p. 1).

Desse modo, desde 2011, a ABPp SP desenvolve e amplia as ações de seu Projeto Social.

Os 14 anos do projeto social da ABPp SP

*Sonho que se sonha só
é sonho que se sonha só
mas sonho que se sonha junto é realidade.*

(Raul Seixas, "Prelúdio", 1974)

A Psicopedagogia é o fio que nos une, é a linha que nos motiva e nos impulsiona a costurar a história da Associação Brasileira de Psicopedagogia Seção São Paulo, fundada em 2003 como uma das unidades afiliadas da ABPp, que, por meio de seu conselho, segue as normas estatutárias de funcionamento de cada unidade, entre elas a periodicidade de três anos para cada gestão.

Uma história de muitos feitos, entre eles o **Projeto Social**, que tem na gestão de 2011-2013 o marco inicial, quando convidamos representantes da Seção Ceará para uma apresentação do Projeto Social Lumiar, que, com suas ações, envolvia seus associados de modo crescente.

Inspiradas nesse modelo, começamos a pensar e sonhar com um projeto social efetivo na Seção São Paulo. As primeiras ações desse projeto, inicialmente batizado **ABPp Seção São Paulo Vai** à **Escola**, estiveram voltadas à formação continuada do professor e da equipe gestora de escolas públicas, com o objetivo de ampliação de possibilidades no exercício docente e de buscar respostas às questões daquele cenário, que já exigia da escola novas posições em relação aos processos de ensinar, de aprender, de avaliar.

Convictas de que era preciso dar vez e voz ao professor para que ele se reconhecesse como pensante, isto é, ao ser "pesquisador da própria atuação docente", como afirma Stenhouse (1975, p. 156), o professor pode delinear estratégias educativas mais efetivas, e relacionar-se com os deveres e os dilemas éticos da profissão, competência necessária, como afirma Perrenoud (2001), nos dias de hoje.

Duas escolas públicas foram o cenário deste trabalho, que teve como metodologia a leitura, a discussão e a reflexão de temas pertinentes ao cotidiano escolar naquilo a que ela se propõe: ensinar e aprender. Em encontros mensais com a duração de duas horas, as equipes gestora e docente poderiam repensar a prática e delinear estratégias educativas mais efetivas de modo a atender a diversidade nos modos de aprender dos alunos.

A partir desses encontros, os professores dessas escolas puderam reconhecer-se como autores e ter sua ação legitimada pelo outro, uma vez que, segundo Fernández (2001, p. 90), a autoria de pensamento é "o processo e o ato de produção de sentidos e de reconhecimento de si mesmo como protagonista ou participante de tal produção", quando tiveram a oportunidade de se descobrir como profissionais potentes e enriqueceram sua prática a partir do contato com diferentes pontos de vista.

Também essa autora nos ensina que "a modalidade de aprendizagem se constrói em reciprocidade com as modalidades de ensino dos ensinantes com os quais interage" (Fernández, 2001, p. 103); isto posto, a ABPp Seção São Paulo, ao trabalhar com professores de escolas públicas, assumiu seu compromisso social com a Psicopedagogia, contribuindo para modificar a qualidade dos processos de ensinagem e de aprendizagem e fortalecer a identidade do professor/educador.

Na **gestão de 2011-2013**, as ações desenvolvidas ficaram restritas aos membros da própria diretoria; na posterior **gestão 2014-2016**, como também na **gestão 2017-2019**, o projeto social passou a ter uma coordenação. Assumiu este posto a psicopedagoga, associada titular, Silvia Amaral de Mello Pinto, dando continuidade, ampliação e diversificação à ação voluntária. A adesão do associado nessa proposta redefiniu a nomenclatura do projeto para **ABPp Seção São Paulo Vai** à **Comunidade**.

O projeto da ABPp Seção São Paulo Vai à Comunidade renovou o compromisso social com a Psicopedagogia e definiu os objetivos:

- Favorecer/possibilitar às camadas sociais menos favorecidas o acesso ao trabalho psicopedagógico;

- Prevenir, minimizar e remediar as consequências da não aprendizagem de alunos das camadas sociais menos favorecidas;

- Estimular o associado para o aprimoramento do exercício profissional por meio da prática supervisionada;

- Documentar as atividades do projeto social ABPp Seção São Paulo fomentando a pesquisa e a produção científica.

A partir dessa premissa, atentas aos resultados do Índice de Desenvolvimento da Educação Básica (Ideb) 2013 sobre uma importante defasagem em relação à meta esperada para 2022, e em concordância com Juarez, quando afirma que

> [...] as realidades complexas das comunidades requerem de nós, como psicopedagogos, clareza de ideias, pois nos exigem intervenções bem-sucedidas, fundamentadas em uma concepção de aprendizagem contextualizada na possibilidade de transformação social (Juarez, 2012, p. 201).

Desde o início do projeto, a ação voluntária do psicopedagogo associado da ABPp SP atende critérios que abrangem desde o recém-formado, com necessidade de iniciar e garantir experiência profissional, ao profissional experiente que deseje dar a sua contribuição ao Projeto Social.

Na **gestão 2020-2022**, o projeto social passou a ser coordenado pelas psicopedagogas, associadas titulares, Maria Cristina Natel e Sandra Lia Nisterhofen Santilli, com o compromisso de manter os parceiros e o de incluir a proposta da ONG Cooperativa do Bem, formada por psicólogos voluntários com a missão de encaminhar e acolher demandas de outras instituições.

Tal proposta tinha como demandante o Fórum João Mendes, que buscava parceiros para atender os abrigos do município da cidade São Paulo, pelo programa de Serviço de Acolhimento Institucional para Crianças e Adolescentes (Saica), que necessitavam de apoio psicopedagógico para os acolhidos.

A partir dessa solicitação, a Organização Não Governamental (ONG) Cooperativa do Bem firmou parceria com a Associação Brasileira de Psicopedagogia Seção São Paulo, que, em 2020, fez o contato com o Saica indicado, e, após um ano de tratativas, demos início a uma parceria exitosa que ainda rende bons frutos.

A intervenção psicopedagógica, seja no âmbito do consultório, seja no âmbito institucional, é decorrente de um levantamento de dados a partir de uma queixa. No Saica, tais dados incluíam questões de aprendizagem dos acolhidos e a questão de ensinagem da equipe técnica, que, aliadas ao contexto da rotatividade de todos os envolvidos na instituição, direcionaram nossa ação, nosso olhar e nossa escuta para a equipe técnica.

Surpreendidas pela pandemia da doença do coronavírus (Covid-19) e dado o impedimento do contato presencial, iniciamos de modo remoto encontros mensais voltados para o aprimoramento da equipe da casa de acolhimento a fim de que pudessem, como afirma o técnico e pedagogo responsável do Saica, "[...] compreender o que poderia estar por trás de determinados comportamentos, limitações ou dificuldades de aprendizagem a fim delinear um planejamento adequado e especificidade para cada caso" (Outtone, 2021, p. 4).

Outtone, ao fim do primeiro ano dessa ação, fez um depoimento:

> É com muita gratidão que temos esse projeto acontecendo hoje na Casa Edith Stein, certamente contribuindo com o objetivo do nosso trabalho em proteger e desenvolver as crianças e adolescentes que estão ou venham a precisar do acolhimento institucional.
>
> Muito obrigado Grupo ABPp Seção São Paulo (Outtone, 2021, p. 4).

O êxito deste modelo motivou a gestão desta instituição a pedir a continuidade dessa ação, que perdura até aos dias de hoje, no ano de 2024.

Também nessa gestão, a ABPp SP firmou parceria com o Instituto Ana Rosa, ONG que acolhe crianças e adolescentes no contraturno escolar, oferecendo atividades educacionais, culturais e esportivas, para atendimento clínico e institucional.

Outra parceria estabelecida foi com o Departamento de Desenvolvimento e Comportamento do Ambulatório de Pediatria do Instituto da Criança do Hospital das Clínicas de São Paulo. Tal parceria possibilitou a discussão dos casos clínicos entre os profissionais da área da saúde e os da psicopedagogia. Bimestralmente, participamos e contribuímos com a rede colaborativa nacional denominada Reunião Clínica, momento este em que são apresentados estudos de casos. Entendemos que nossa presença nessas reuniões amplia o olhar dos profissionais da área da saúde para a ação psicopedagógica.

Ainda nessa gestão, foi elaborado um documento coletivo entre supervisoras e coordenação pois sentimos a necessidade de estabelecer parâmetros mínimos para nortear a ação da supervisão no Projeto Social, a partir de um núcleo comum de procedimentos. Esse documento foi denominado *Orientação para supervisão do projeto social da ABPp Seção São Paulo*.

Na **gestão 2023-2025**, o projeto social **A ABPp seção** São Paulo vai à **Comunidade**, devido à crescente demanda, iniciou os trabalhos com três coordenadoras, psicopedagogas, associadas titulares, Maria Cristina Natel, Rebeca Lescher e Sandra Lia Nisterhofen Santilli, que se dividiram para acompanhar os diversos parceiros que aderiram à proposta ao longo dos anos, entre eles:

- Ambulatório de Pediatria especializado em Desenvolvimento e Comportamento do Hospital das Clínicas da Universidade de São Paulo (USP) (assessoria e atendimento clínico);

- Cooperativa do Bem (apoio institucional);

- Fundação para o Estudo e Tratamento das Deformidades Craniofaciais de São Bernardo do Campo (Funcraf SBC);

- Fundação Casa, Unidade Brás, da zona Central de São Paulo (atendimento clínico);

- Instituição Prof, da zona sul de São Paulo, em parceria com o curso de pós-graduação em Psicopedagogia da Pontifícia Universidade Católica de São Paulo (PUC-SP) (assessoria e atendimento clínico);

- Lar da Bênção Divina, da zona sul de São Paulo (atendimento clínico);

- Saica Casa do Pequeno Cidadão, do Núcleo de Apoio à Inclusão Social para Pessoas com Deficiência (NAISPD), da zona oeste de São Paulo (atendimento clínico);

- Saica Casa Edith Stein, da zona leste de São Paulo, formação de educadores (atendimento Institucional);

- Saicas Serviço Social de Osasco (atendimento institucional).

A ampliação do projeto social, acrescido das novas parcerias, sugeriu uma atualização da nomenclatura e da logomarca e, deste modo, para fazer tal alteração, no primeiro semestre de 2024, promovemos uma campanha, junto a todos os associados voluntários que encaminharam sugestões.

A partir das opções enviadas, foi realizada uma votação on-line, pelo Google Forms, que elegeu **Sementes do Amanhã** como o nome, a partir de junho de 2024.

Nesta gestão, mantivemos e ampliamos o atendimento psicopedagógico a crianças e adolescentes com desempenho escolar insatisfatório, uma vez que atenta aos resultados atualizados do Ideb 2023 e do Ideb 2019, que apontaram: "a nota padronizada (indicador de desempenho), que mensura a aprendizagem dos estudantes, segue em patamares menores do que os observados em 2019, pré-pandemia, em todas as etapas" (Instituto [...], 2019, p. 2), e mostraram que tanto no ensino fundamental como no ensino médio houve redução no indicador de aprendizagem. Aliás, o estado de São Paulo foi citado como um dos que mais retrocederam.

A partir desses dados, a equipe do projeto, com coordenadoras e supervisoras, observou também a necessidade de aprimoramento constante dos supervisionandos, além da supervisão regular recebida por cada voluntário.

Neste sentido foram realizados encontros de formação em que, além da atualização teórica e da prática, houve a discussão de casos clínicos e de temas pertinentes à Psicopedagogia.

Toda ação psicopedagógica está pautada no Código de Ética do Psicopedagogo e, até mesmo como descrito no Capítulo IV, "Das Responsabilidades", artigo 11, "São deveres do psicopedagogo" (item h) "submeter-se à supervisão psicopedagógica" (Associação [...], 2019, p. 5); o nosso projeto social, de natureza voluntária, inclui os supervisionandos e os supervisores, que disponibilizam seu tempo e conhecimento em benefício da modificação da aprendizagem.

Entendemos que a participação no projeto social, ao contemplar a supervisão gratuita, cumpre com os objetivos anteriormente mencionados, na medida em que amplia a formação continuada do associado.

Além disso, pode propiciar aos envolvidos um ganho pessoal: ao prestar serviço às comunidades menos privilegiadas, tem-se a oportunidade de entrar em contato com a realidade da educação pública brasileira e sua visão do mundo.

Por outro lado, também oportuniza àqueles que são atendidos, tanto pessoas (crianças, adolescentes e famílias) como instituições (professores, educadores e equipes técnicas), conhecer e ter acesso à intervenção psicopedagógica, bem como aos resultados decorrentes desta ação.

O projeto social **Sementes do Amanhã**, da ABPp Seção São Paulo, mantém uma série de documentos e relatórios semestrais elaborados pela parceria com supervisionandos e supervisores, de acordo com a Lei de Proteção de Dados (LGPD), compondo o acervo histórico da seção.

A trajetória do projeto social está descrita no quadro a seguir:

Quadro 1 – Dados do Projeto Social de 2011 a 2025

Dados do Projeto Social ABPp SP Sementes do Amanhã						
Gestão		2011-2013	2014-2016	2017-2019	2020-2022	2023-2025
Atendidos	Clínica	-	3	17	22	25
	Institucional	-	-	-	1	1
Supervisoras		2	3	5	13	16
Supervisionandas		-	3	17	24	33
Escolas públicas		2	2	16	16	15
Instituições		-	1	1	5	7
Educadores atendidos		75	25	26	60	75

Fonte: as autoras

Considerações finais

Os projetos sociais partem de um plano ou um esforço solidário que tem como objetivo melhorar um ou mais aspectos de uma sociedade, potencializando a cidadania e consciência social dos indivíduos.

O projeto social da ABPp São Paulo **Sementes do Amanhã**, nestes 13 anos, mostrou-se flexível, dinâmico e adaptativo às diversas demandas que surgiram ao longo do processo; fiel aos objetivos que hoje entendemos serem os quatro pilares desse projeto, conforme os resultados alcançados e descritos a seguir:

1. **Favorecer/possibilitar às camadas sociais menos favorecidas o acesso ao trabalho psicopedagógico.** Crianças com vulnerabilidade social e da escola pública receberam intervenção psicopedagógica com resultados positivos;

2. **Prevenir, minimizar e remediar as consequências da não aprendizagem de alunos das camadas sociais menos favorecidas.** Professores, educadores e equipes técnicas de escolas públicas, de ONGs e de instituições parceiras entenderam a importância das possibilidades que a psicopedagogia pode oferecer na aprendizagem de todos;

3. **Estimular o associado para o aprimoramento do exercício profissional por meio da prática supervisionada.** Contribuímos com a formação continuada dos psicopedagogos associados envolvidos no projeto social da ABPp SP;

4. **Documentar as atividades do projeto social ABPp Seção São Paulo fomentando a pesquisa e a produção científica.** Em nosso acervo constam relatórios dos atendimentos; atas das reuniões; banners e apresentações realizadas para as instituições e afiliadas da ABPp; os dados quantitativos dos participantes em cada gestão e a elaboração deste livro.

Nas diferentes instâncias, a nossa ação voluntária exige **responsabilidades** de natureza **moral**, diante das instituições, dos educadores, das crianças e adolescentes e das famílias; de natureza **profissional**, porque pertencemos a uma categoria profissional e de natureza **ética**, porque é fundamentada no Código de Ética do Psicopedagogo (Associação Brasileira de Psicopedagogia, 2019) e por representarmos uma instituição que é a ABPp.

Finalizando este capítulo, consideramos que o trabalho psicopedagógico se destina a modificar a relação de ensino e de aprendizagem entre todos os envolvidos; deste modo, a ABPp SP, em seu projeto social **Sementes do Amanhã**, por meio de ações estruturadas e intencionais, com base na reflexão e do diagnóstico de não aprendizagem, buscou contribuir, em alguma medida, com a transformação social.

Referências

ASSOCIAÇÃO BRASILEIRA DE PSICOPEDAGOGIA. **Código de ética do psicopedagogo.** São Paulo, ABPp, 2019. Disponível em: https://www.ABPp.com.br/wp-content/uploads/2020/11/codigo_de_etica.pdf. Acesso em: 7 abr. 2025.

ASSOCIAÇÃO BRASILEIRA DE PSICOPEDAGOGIA SEÇÃO SÃO PAULO. **Estatuto associativo da ABPp Seção São Paulo.** São Paulo: ABPp SP, 2023. Disponível em: https://sistema.ABPp.com.br/img/unidades/Estatuto-ABPp-SP-2016_642c-51fb77d502_50674936.pdf. Acesso em: 7 abr. 2025.

BRASIL. Ministério da Educação. **Ideb 2023.** Brasília, DF: MEC, 2024. Disponível em: https://www.gov.br/mec/pt-br/assuntos/noticias/2024/agosto/ideb-brasil-avanca-nos-anos-iniciais-do-ensino-fundamental. Acesso em: 19 dez. 2024.

BRASIL. **Lei nº 13.709, de 14 de agosto de 2018.** Lei Geral de Proteção de Dados Pessoais (LGPD). Brasília, DF: Presidência da República, 2018. Disponível em: https://www.planalto.gov.br/ccivil_03/_ato2015-2018/2018/lei/l13709.htm. Acesso em: 7 abr. 2025.

FERNÁNDEZ, A. **Os idiomas do aprendente.** Porto Alegre: Artmed, 2001.

INSTITUTO NACIONAL DE ESTUDOS E PESQUISAS EDUCACIONAIS ANÍSIO TEIXEIRA. **Ideb 2013.** Brasília, DF: Inep, 2014. Disponível em: https://download.inep.gov.br/educacao_basica/portal_ideb/documentos/2014/ideb_brasil_2013.pdf. Acesso em: 19 dez. 2024.

INSTITUTO NACIONAL DE ESTUDOS E PESQUISAS EDUCACIONAIS ANÍSIO TEIXEIRA. **Ideb 2019.** Brasília, DF: Inep, 2020. Disponível em: https://www.gov.br/inep/pt-br/assuntos/noticias/ideb/ensino-medio-registra-crescimento-historico-no-ideb-2019. Acesso em: 19 dez. 2024.

JUÁREZ, M. P. Aportes y desafios – avaliações de uma psicopedagogia comunitária: reflexões, contribuições e desafios. **Revista Pesquisas e práticas psicossociais**, São João del-Rei, jul./dez. 2012.

OUTTONE, R. C. Depoimentos. **Informa**: Periódico Semestral da ABPp SP, São Paulo, ano 18, n. 37, dez. 2021.

PERRENOUD, P. **Ensinar**: agir na urgência, decidir na incerteza. Porto Alegre: Artmed, 2001.

PRELÚDIO. Intérprete: Raul Seixas. *In*: GITA. Intérprete: Raul Seixas. São Paulo: Gravadora Eldorado, 1974. LP.

STENHOUSE, L. **An introduction to curriculum research and development**. London: Heneimann, 1975.

WINNICOTT, D. W. **Família e o desenvolvimento individual**. São Paulo: Martins Fontes, 2001.

A SUPERVISÃO COMO ESPAÇO DE REFLEXÃO, ANÁLISE E ELABORAÇÃO: UMA EXPERIÊNCIA POSSÍVEL A PARTIR DO PROJETO SOCIAL DA ABPp SP

Ariane Zanelli de Souza
Luciana Andréa Afonso Sigalla

> *Nada aprendemos com aquele que nos diz: "faça como eu". Nossos únicos mestres são aqueles que nos dizem: "faça junto comigo" e que, em vez de nos propor gestos a serem reproduzidos, sabem emitir signos a serem desenvolvidos no heterogêneo. O aprender vem antes do ensinar.*
>
> *(Gilles Deleuze)*

Introdução

O que entra em cena quando falamos em supervisão? Supervisão seria o bastidor da cena que se desenrola entre a dupla psicopedagogo e sujeito da aprendizagem? Quais seriam as dimensões do aprender envolvidas no processo da supervisão, presentes na dupla supervisor e supervisionando, e o que entraria no jogo da relação de ambas as duplas?

Se considerarmos que, numa perspectiva psicopedagógica, estamos constantemente aprendendo, e o sujeito da aprendizagem é um agente ativo, capaz de ressignificar suas experiências, podemos pensar também que, na dupla supervisor e supervisionando, a aprendizagem comparece imersa numa rede de significações e relações simbólicas que podem apresentar tensões, já que aprender algo implica, muitas vezes, renunciar a saberes antigos, enfrentar o desconhecido e suportar a incompletude presente no não saber.

Neste sentido, a supervisão em psicopedagogia oferece uma possibilidade de reflexão sobre os muitos aspectos, objetivos e subjetivos que permeiam as relações entre quem ensina e quem aprende, considerando importante uma alternância de lugares, como diz Fernández (1994, p. 73): "Aprendente somos cada um de nós, adulto ou criança, frente a um outro como ensinante. Ensinante somos cada um de nós, adulto ou criança, frente a um outro como aprendente".

Assim como uma supervisão examina a cena da dupla psicopedagogo e sujeito da aprendizagem, discorreremos, neste artigo, sobre como se dá a dinâmica entre o que podemos chamar de dupla complementar, supervisor e supervisionando.

A prática de supervisão: origens e significados

O Código de Ética do Psicopedagogo, em seu artigo 11, preconiza que são deveres desse profissional, entre outros, "manter-se atualizado quanto aos conhecimentos científicos e técnicos que tratem da aprendizagem humana" e "submeter-se à supervisão psicopedagógica e ao processo terapêutico pessoal" (Associação Brasileira de Psicopedagogia, 2019).

Assim, entendemos que a práxis psicopedagógica deve estar pautada nesse tripé constituído de três pilares: formação continuada, supervisão psicopedagógica e terapia pessoal. E ao dizermos "práxis", e não "prática", pautamo-nos em Vázquez (2011), para quem "prática" define uma atividade humana com um sentido mais utilitário, enquanto "práxis" se refere a uma atividade teórico-prática transformadora do ser humano e do mundo.

Neste capítulo, abordaremos um dos três pilares supracitados: a supervisão psicopedagógica, entendida por nós também como uma práxis.

Inicialmente, explicitaremos o contexto desta escrita abordando as origens e os significados de "supervisão" e "supervisão psicopedagógica", e apresentaremos o quadro teórico que norteou nosso trabalho.

Na sequência, discorreremos sobre os procedimentos teórico-metodológicos adotados para a produção e a análise dos dados, que foram produzidos por 26 supervisoras e supervisionandas voluntárias do Projeto Social da Associação Brasileira de Psicopedagogia Seção São Paulo (ABPp SP), por meio de um questionário on-line.

Em seguida, apresentaremos e discutiremos tais dados procurando estabelecer possíveis relações entre a análise realizada, o referencial teórico que norteou este trabalho e outras discussões de autores cujas ideias contribuem para as reflexões aqui apresentadas.

Concluiremos este capítulo com nossas considerações finais, nas quais sintetizaremos os principais achados da pesquisa realizada com supervisoras e supervisionandas voluntárias do Projeto Social da ABPp SP e apresentaremos nossas reflexões sobre eles.

Etimologicamente, a palavra "supervisão" é formada por dois vocábulos: "super" e "visão". Segundo Ferreira (2010), o termo indica "a atitude de ver com mais clareza uma determinada ação. No sentido estrito, significa *olhar de cima, 'captar' na totalidade* dando uma ideia de visão global". Podemos pensar também em "covisão", que implica uma perspectiva de olhar junto algo que será examinado num espaço de troca no qual compareçam as muitas vozes que nos constituem em sujeitos.

Broide (2020, p. 106) diz: "A supervisão não vem sem a clínica. É a partir dela. A supervisão não é teórica, embora não se faça sem a teoria". Ao fazer esse apontamento, a autora coloca em aproximação o que parece distante e revela o que, muitas vezes, se mostra como inapreensível. Esse é um dos objetivos primordiais da supervisão.

Portela e Oliveira (2017) relatam que a origem da prática de supervisão remonta à Idade Média, quando os mestres transmitiam aos aprendizes seus saberes como artesãos, ferreiros, ourives e empalhadores. Nessa época, a prática de supervisão não se caracterizava pela interlocução, troca ou socialização. Ao contrário, o mestre era o único com direito a voz, e sua função era tão somente transmitir seus saberes aos aprendizes e supervisioná-los em seus fazeres.

Deste modo, entendemos que a prática de supervisão, à época, estava voltada totalmente à inspeção, ao controle, à fiscalização, revelando relações hierárquicas e distantes entre mestres e aprendizes que empobreciam as interações humanas e não levavam à reflexão, ao pensar crítico, à construção da autonomia e ao estímulo da criatividade.

As autoras relatam, ainda, que muitos séculos se passaram até que a supervisão, como atividade necessária ao terapeuta, ao profissional do "cuidar", adquirisse as características atuais, o que ocorreu com a criação dos Grupos Operativos, por Pichon-Rivière, em emergências de hospitais, nos anos 1940, em que se partilhavam ideias e dúvidas.

No entanto, foi com Sigmund Freud, em 1925, no Congresso de Bad Homburg, na Alemanha, que a supervisão e a análise didática passaram a ser elementos fundamentais do que viria a ser o "tripé" da formação psicanalítica: análise pessoal, supervisão e estudo teórico. Esse "tripé" consolidou-se progressivamente, e a psicopedagogia beneficiou-se dessa ancoragem para sua práxis, incluindo-o, aliás, em seu Código de Ética, como foi mencionado anteriormente.

Souza (2023) destaca a importância da supervisão para a psicopedagogia e defende sua prática como indispensável para o profissional que se debruça a compreender a complexidade dos processos de aprendizagem e seus desafios. Nas palavras da autora:

> Trabalhando com o que emerge das relações de um sujeito que "não aprende" e suas relações vinculares, precisamos compreender o que disso reverbera em nós, para que possamos discriminar o que é nosso e o que é do outro, podendo, assim, ser continentes do sofrimento alheio sem que isso turve o raciocínio clínico (Souza, 2023, p. 108).

Tomando como objeto de estudo aquilo que emerge da relação entre o sujeito da aprendizagem e o psicopedagogo, estamos falando de transferência e contratransferência. No campo psicopedagógico, a transferência atualiza sentimentos vividos pelo sujeito em sua relação com o aprender e/ou com figuras de apego — pais e educadores, entre outras figuras — enlaçadas em seu desenvolvimento, mas, desta vez, endereçada ao psicopedagogo e reproduzida durante o atendimento psicopedagógico.

A contratransferência, por sua vez, nesse contexto, encontra-se relacionada àquilo que é provocado no psicopedagogo pela relação transferencial, particularmente ao que é transferido pelo sujeito da aprendizagem, e isso será examinado na supervisão. Importante salientar que essa relação transferencial também comparece na dupla supervisor e supervisionando, e é preciso que o supervisor se mantenha atento aos seus próprios conteúdos psíquicos ativados na supervisão. Um processo terapêutico pessoal é recomendável para que um espaço profundo de escuta e amparo se mantenha presente e o supervisor possa sustentar o lugar de saber sem se confundir com ele.

Transferência e contratransferência são conceitos originalmente desenvolvidos na psicanálise, mas que também são aplicados nos contextos educacionais e psicopedagógicos, e podem ser encontrados na vasta literatura psicanalítica, como em Laplanche e Pontalis (1991), e psicopedagógica, como em Fernández (1994) e Paín (1996).

Assim sendo, a supervisão oferecer-se-ia como o espaço aberto entre supervisor e supervisionando para fazer pensável a práxis psicopedagógica. Ao discutir os desafios do atendimento psicopedagógico, assim como as ansiedades e as expectativas despertadas no supervisionando, a supervisão ajusta-se como um importante instrumento de elaboração psíquica. Esse processo possibilita examinar tais questões prevenindo que o supervisionando se veja aprisionado em suas angústias, agindo impulsionado por seus próprios conflitos ou emoções inconscientes, muitas vezes presentes em seu próprio não saber. Deste modo, o pensar e a reflexão podem iluminar o que está oculto, aquilo que não se apresenta diretamente, mas exerce influência.

Em síntese, a supervisão estaria a serviço de produzir sentidos em que uma visão mais ampla ou profunda do caso estudado se encontra obliterada por algum ponto cego. Além disso, funcionaria também como inspiração para a busca de novas estratégias de avaliação e de intervenção, para o aprimoramento de técnicas e conhecimentos, ativando, assim, zonas paralisadas por algum desafio pouco esclarecido, ou entendido como insuperável.

Se o supervisor se faz cargo de se atualizar, escutar, acolher, sustentar, inspirar, trocar, disponibilizando sua técnica e sua experiência, mediando o ato de aprender de seu supervisionando, de certo modo, ele possibilita ser uma referência de intervenção, já que pode pôr em prática a essência psicopedagógica que se oportuniza na relação supervisor e supervisionando.

Importante explicar que, ao empregarmos o verbo "mediar", estamos adotando a concepção de "mediação" proposta por Aguiar *et al.* (2009), para quem esta tem como função ser o centro organizador de uma relação, e não ligar dois elementos, servir de ponte entre eles. Nessa perspectiva, entendemos que o supervisor organiza, com seu supervisionando, a mediação dos conhecimentos em construção acerca da práxis psicopedagógica.

Para finalizar, o supervisor, como um guardião do tempo, não deve se antecipar ao raciocínio clínico de seu supervisionando, tampouco se preocupar em aquietar todas as demandas que compareçam na supervisão. Deve, antes, zelar por um espaço de perguntas, aberto a trocas, atualização e criatividade, em direção à autoria de ação e à autonomia de seu supervisionando. Dessa perspectiva psicopedagógica, não há receitas prontas a serem transmitidas. Além disso, o supervisor deve empenhar-se para que o supervisionando estabeleça uma identificação com uma atitude psicopedagógica, sem confundir a intervenção com uma prática educativa que reproduz a relação professor-aluno.

De sua parte, o supervisionando deve ocupar-se de fazer-se perguntas, levantando hipóteses em relação ao atendimento e ao modo de aprender do sujeito que atende, pois é mantendo uma postura investigativa, com abertura à escuta, à troca de papéis, à atualização, à aprendizagem mútua e ao não saber, que conseguirá articular reflexão e práxis psicopedagógica no processo de aprender de si mesmo e do outro. De maneira adicional, o supervisionando pode examinar seu trabalho, integrando e relacionando partes que, a princípio, poderiam parecer desconectadas, aprimorando, assim, seu raciocínio clínico.

Nessa perspectiva, entendemos que a dupla supervisor e supervisionando tem um espaço privilegiado de reflexão, análise e elaboração, pois juntos desenvolvem, sob efeito da curiosidade e da investigação, um espaço para a construção de saberes e a revisão da própria ação psicopedagógica.

Com o intuito de articularmos teoria e práxis, apresentaremos, a seguir, uma pesquisa realizada junto aos participantes do Projeto Social da Associação Brasileira de Psicopedagogia Seção São Paulo, na qual os dados foram produzidos por meio de questionário on-line e analisados à luz da Análise de Prosa.

Os caminhos da pesquisa

Ao planejarmos a escrita deste capítulo, consideramos que seria importante trazer ao leitor um conteúdo que o aproximasse da realidade da supervisão psicopedagógica. Assim, decidimos apresentar um texto que envolvesse não apenas uma perspectiva teórica acerca do tema, mas também uma perspectiva da práxis. Para tanto, convidamos os voluntários participantes do Projeto Social da ABPp SP em 2024 a nos fornecer dados que pudessem subsidiar nossa escrita.

Contatamos, então, a Coordenação do Projeto Social, para solicitar seu consentimento em relação ao levantamento de dados junto aos voluntários, e, diante de sua anuência, elaboramos um questionário, que foi submetido à apreciação da referida Coordenação.

Uma vez aprovado, criamos uma versão on-line do questionário no Microsoft Forms — criador de pesquisas on-line disponibilizado pelo pacote Office 365 — e solicitamos à Coordenação que enviasse, pelo grupo de WhatsApp, o link de acesso ao documento com um breve texto-convite escrito por nós aos 44 participantes do Projeto Social.

O questionário contou com 12 questões, sendo 8 para obtenção de dados demográficos e caracterização dos participantes e 4 para levantamento de dados referentes à sua experiência na supervisão psicopedagógica.

Vale ressaltar que nenhuma das questões nos permitiu a identificação dos respondentes, de modo que todos tiveram sua identidade preservada pelo anonimato.

Finalizado o prazo de uma semana para o recebimento dos questionários, baixamos a planilha em Excel disponibilizada pelo Microsoft Forms, com todos os dados produzidos por 26 voluntários que se dispuseram a participar da pesquisa — e sobre os quais trataremos adiante —, e iniciamos o processo de análise.

Entre as abordagens teórico-metodológicas de análise de dados conhecidas por nós, optamos pela Análise de Prosa, uma forma de investigação do significado de dados qualitativos proposta por André (1983) e estudada por Sigalla (2018), que apresentou, em sua tese de doutorado, uma releitura dessa abordagem, no que se refere ao procedimento de análise de dados.

André (1983, p. 67) propõe que, no processo de análise de dados qualitativos, em vez de elaborar-se um sistema predefinido de categorias, sejam gerados "tópicos e temas [...] a partir do exame dos dados e de sua contextualização no estudo".

Após expor algumas questões metodológicas acerca do uso da Análise de Prosa — entre elas, a distinção entre "tópico" e "tema", a relação entre ambos e a possível geração de categorias —, a autora apresenta uma reflexão acerca desta sua importante e inédita contribuição ao campo da metodologia em pesquisas qualitativas: a de que a referida abordagem, à época, era algo que ainda precisava de muita elaboração. Diz ela:

> Se existe um método ou sistema a ser criado, este deverá ter origem numa constante reflexão sobre a nossa prática de análise, à luz do contexto dos dados analisados e tendo em vista os pressupostos e concepções que orientam essa prática (André, 1983, p. 69).

A partir da reflexão apresentada pela autora — e, por que não dizer, de seu "convite" —, Sigalla (2018, p. 105), apoiada em sua experiência no ensino de produção de textos, "que considera **assunto** como algo amplo, que pode ser desdobrado em **temas**, mais específicos", propôs, como procedimento da Análise de Prosa, que fossem elencados tópicos, dos quais derivariam temas, e que, por fim, ambos fossem agregados em categorias, para uma posterior elaboração dos quadros de categorização.

Assim, de posse dos questionários, e inspiradas na Análise de Prosa e nas etapas sugeridas por Sigalla (2018), passamos à análise dos dados. Primeiro, lemos, reiteradas vezes, as respostas de todos os participantes, buscando identificar aspectos relevantes para a escrita deste capítulo, e decidimos tomar como tópicos as quatro perguntas relacionadas às experiências dos participantes na supervisão psicopedagógica.

Em seguida, buscamos identificar os temas que emergiam em cada tópico e, por fim, agrupar os tópicos e seus respectivos temas em três categorias analíticas, quais sejam: "Contribuições profissionais e pessoais da supervisão psicopedagógica", "Enfrentamento de desafios na supervisão psicopedagógica" e "Interações da dupla supervisora e supervisionanda".

A seguir, apresentaremos e discutiremos os dados produzidos pelos voluntários do Projeto Social da ABPp SP que, gentilmente, se dispuseram a colaborar com este trabalho.

Achados, análise e reflexões

Dos 44 voluntários que atualmente participam do Projeto Social, 42 poderiam preencher o questionário, uma vez que nós, como autoras deste capítulo e voluntárias do Projeto, achamos por bem nos ressalvar do preenchimento e ocupar o lugar apenas de pesquisadoras.

Dos 42 potenciais participantes, 26 responderam ao questionário, o que representa uma taxa de resposta aproximada de 62%, que pode ser considerada alta, uma vez que, de acordo com algumas plataformas digitais de coleta de dados, como a Delighted, o Painel Tap e a SurveyMonkey, as taxas de respostas em pesquisas on-line costumam ser de 20% a 30%.

A nosso ver, essa ótima participação revela um interesse pelo tema da supervisão psicopedagógica e, quiçá, um sentimento de pertencimento ao grupo de voluntários do Projeto Social.

Dos 26 participantes, 25 identificaram-se como do gênero feminino, sendo 10 supervisoras e 15 supervisionandas, e 1 do gênero masculino, que atua no Projeto como supervisionando. Importante destacar que, na análise dos dados, optamos por nos referir ao voluntário como "supervisionanda", e não "supervisionando", para preservar sua identificação, uma vez que é o único homem do grupo de voluntários, neste momento.

A média aproximada de idade dos participantes é de 56 anos e a média aproximada de tempo de participação no Projeto é de três anos.

Todos vivem no estado de São Paulo, sendo: 20 na capital; 3, na Região Metropolitana de São Paulo; 2, no interior do estado, e 1 na Região Metropolitana da Baixada Santista.

Com relação à formação inicial, 17 são licenciados em Pedagogia. Os demais se formaram, inicialmente, em Comunicação Social, Fonoaudiologia, Geografia, História e Ciências Sociais. Todos têm especialização em Psicopedagogia; sete realizaram mestrado; e três, doutorado.

Importante mencionar que, para que garantíssemos o anonimato de todos os participantes, optamos por identificá-los com letras do alfabeto, seguindo a ordem de A a Z. Assim, as supervisoras serão apresentadas como A, B, C, D, E, F, G, H, I e J; e as supervisionandas — incluindo o único voluntário homem do grupo —, como A, B, C, D, E, F, G, H, I, J, K, L, M, N, O e P. Ressaltamos que qualquer semelhança com as iniciais de seus nomes reais é apenas uma coincidência.

Por fim, informamos que, na reprodução das respostas dos participantes, optamos por destacar em negrito o que foi relevante nelas para que as apresentássemos no texto. Optamos, também, por trazer destacadas dos parágrafos todas as respostas que contivessem menos de três linhas.

Contribuições profissionais e pessoais da supervisão psicopedagógica

A análise desta primeira categoria apontou que a supervisão psicopedagógica contribuiu para a **vida profissional** de todas as supervisoras e supervisionandas participantes da pesquisa.

Dentre os aspectos mencionados, destacou-se como principal contribuição profissional a **ampliação do conhecimento teórico-prático**, conforme revelaram estas participantes:

[A supervisão] também ajuda na **confirmação de possíveis e sugestivos diagnósticos, discussão de casos, orientação em algumas intervenções** a partir de um outro olhar, **sugestões de material** etc. (Supervisionanda A).

Contribuições teóricas (recomendação de leitura), **discussão sobre o relatório** da criança [que] atendo, **ideias e materiais para intervenção** (Supervisionanda C).

Faço **revisões** em conteúdos já estudados, procuro **novas estratégias de intervenção**, entre outros (Supervisora B).

[Desenvolvimento do] **Raciocínio clínico** (Supervisionanda F).

Conhecimento técnico, prático e teórico (Supervisionanda G).

Conhecendo saberes diferentes, estudando casos que necessitam conhecer diferentes condições médicas, psicológicas e **conhecendo novos instrumentos de avaliação e intervenção** (Supervisora C).

A supervisão tem sido muito importante porque tem me auxiliado no **diagnóstico** do meu aprendente e nas **sugestões de atividades** (Supervisionanda J).

O desenvolvimento da **postura investigativa clínica psicopedagógica** (Supervisora E).

É possível observar que, tanto para as supervisoras quanto para as supervisionandas, a busca permanente de atualização, de aprimoramento de técnicas de avaliação e intervenção faz parte da vida profissional do psicopedagogo que se ocupa em ampliar constantemente sua formação. Também notamos que o desenvolvimento de uma postura investigativa e do raciocínio clínico foi apontado como contribuição da supervisão, o que indica a relevância de se submeter a essa práxis.

O fato de todas as participantes terem respondido que a supervisão psicopedagógica trouxe contribuições para sua vida profissional ratifica que essa prática "proporciona aos sujeitos envolvidos, supervisor e supervisionando, um aprendizado mútuo, concomitante e constante", como apontam Portela e Oliveira (2017, p. 49).

Algumas participantes também citaram a **atualização** **na área** e o **desenvolvimento profissional** como contribuições da supervisão psicopedagógica:

> Ao me propor a dar supervisão, estou sempre refletindo, me **atualizando na área** (Supervisora A).

> **Desenvolvimento profissional** (Supervisionanda H).

Na área da Educação, vários autores se debruçam sobre o desenvolvimento profissional docente para investigá-lo. Para García (2009, p. 10), por exemplo, "o desenvolvimento profissional é um processo de longo prazo que integra diferentes tipos de oportunidades e de experiências, planejadas sistematicamente". Em consonância com as ideias desse autor, Imbernón (2010, p. 47) concebe o desenvolvimento profissional como "um plano sistemático para melhorar a prática de trabalho, as crenças e conhecimentos profissionais com o propósito de aumentar a qualidade docente".

Embora essas concepções estejam voltadas para o desenvolvimento profissional de professores, entendemos que esse processo também pode — e deve — ocorrer com os psicopedagogos. Nessa direção, a atualização profissional na área, como apontou a Supervisora A, seria um dos elementos que contribuem para o desenvolvimento profissional de psicopedagogos. A nosso ver, outros elementos seriam a formação continuada, a remuneração, as condições materiais e imateriais de trabalho, as relações do profissional com os sujeitos atendidos, suas famílias e instituições de ensino e, certamente, a supervisão psicopedagógica.

A Supervisora G, além de ter mencionado a atualização, destacou **mudanças na postura**, relacionadas à **escuta** e ao **olhar psicopedagógicos**, que também foram citados pela Supervisionanda D:

> Atualização; postura; desenvolvimento e ampliação da **escuta sensível** e do **olhar clínico** (Supervisora G).

> Com toda dinâmica sobre as sessões, com **o olhar** [da supervisora] para dificuldades de aprendizagem valorizando a realidade de cada criança. Me **escutando** sempre com **muita atenção** (Supervisionanda D).

Escutar é uma habilidade importante a ser construída por aqueles que têm, no bom encontro, uma condição para o desenvolvimento do

Duvidovich (2020, p. 118) indica que a supervisão "é o espaço de aprendizagem daquilo que precisa ser aprendido, mas que não pode ser ensinado: a capacidade de escuta clínica". E, embora o autor escreva sobre supervisão em psicanálise, observamos que não se diferencia quando examinamos o que acontece na psicopedagogia. A Supervisora G e a Supervisionanda D atestam isso no recorte apresentado e nos comunicam também que o olhar clínico e a atenção estão lado a lado com a escuta. Temos, assim, que escuta, olhar clínico e atenção são elementos importantes na postura psicopedagógica.

Para estas participantes, os encontros de supervisão psicopedagógica constituem-se em **espaço de troca** e de **acolhimento**:

> A supervisão funciona muito, no meu caso, como **troca de experiências** e **acolhimento** (Supervisionanda A).

> Sim, a equipe de coordenadoras do Projeto Social é excelente e há **trocas gratificantes** para minha vida profissional (Supervisora J).

Ao unir "troca de experiências" e "acolhimento", a Supervisionanda A leva-nos a depreender que as trocas podem ser não apenas cognitivas, mas também afetivas, ou seja, pode haver compartilhamento de informações, reflexões sobre os desafios que se apresentam no atendimento psicopedagógico, planejamento do trabalho, mas essas trocas também podem construir uma relação entre supervisora e supervisionanda pautada na empatia, na confiança, no respeito mútuo e no apoio, aspectos que entendemos estar presentes quando falamos em "acolhimento".

Em consonância com essas participantes, a Supervisionanda K trouxe o **suporte** recebido de sua supervisora como a principal contribuição da supervisão psicopedagógica para sua vida profissional:

> A minha supervisora tem contribuído muito na minha prática. Ela me dá todo o **suporte** que eu preciso (Supervisionanda K).

Não é possível inferir o sentido que a participante atribuiu à palavra "suporte", mas podemos entendê-la como auxílio, assistência ou, até mesmo, amparo, acolhida, o que iria ao encontro do que disse a Supervisionanda A, ao mencionar a supervisão psicopedagógica como espaço de acolhimento.

Assim, as respostas das Supervisionandas A e K e da Supervisora J remetem-nos às palavras de Portela e Oliveira (2017, p. 65): "A Supervisão Psicopedagógica é um cuidar com afeto, com mediação, com saber, com sabor. É um cuidar compartilhado, mediador. É saber não estar só".

Duas supervisionandas mencionaram o desenvolvimento da **autoconfiança** e da **autonomia** como as principais contribuições profissionais da supervisão psicopedagógica:

> [...] a principal contribuição é a **confiabilidade** inicial ao me apresentar nas instituições de ensino (Supervisionanda E).

> Mais **autonomia** para lidar com os atendimentos (Supervisionanda M).

Interessante pensar nessas palavras: autoconfiança e autonomia. Ambas carregam em si o prefixo "auto", sendo que autonomia exprime uma ideia endereçada a si próprio, no desafio de governar-se, e, quando esse processo é exitoso, a autoconfiança se revela. O supervisor, segundo Portela e Oliveira (2017, p. 89), "torna livre o supervisionando para que ele se autorize a pensar e agir". E não seria esse um dos maiores benefícios do trabalho psicopedagógico?

Por fim, esta supervisionanda relatou que a supervisão psicopedagógica a incentivou a buscar **formação continuada**, um dos pilares do tripé no qual a práxis psicopedagógica deve estar pautada:

> Incentivo a buscar **formação entre meus pares**, como: grupo de estudo, oficinas, congressos, leituras de autores da psicopedagogia (Supervisionanda I).

Nesse sentido, a Supervisora F apontou que sua participação na supervisão psicopedagógica lhe gerou reflexões acerca da **formação** dos psicopedagogos no Brasil:

> Reflexões a respeito da qualidade dos cursos de formação dos psicopedagogos e de como o Projeto Social da ABPp pode contribuir para essa formação (Supervisora F).

Entendemos que uma formação robusta e qualificada em psicopedagogia interessa a todos os que dela fazem parte. No entanto, nem sempre a formação nos dá as ferramentas necessárias para que possamos exercer nosso ofício com qualidade e segurança. Assim sendo, é importante discutir em supervisão a formação continuada e os aspectos que precisam de mais atenção. Temos que isso é fundamental para o aprimoramento e a expansão do conhecimento e da técnica na área.

Como disse a Supervisionanda I, ela foi incentivada nessa direção, e a Supervisora F manifestou que refletiu a respeito da qualidade dos cursos. Muito embora, em sua resposta, não tenha sido específica quanto à qualidade, mencionou a possibilidade de o Projeto Social contribuir com a formação continuada em psicopedagogia.

Entendemos que estar entre os pares deveria ser um objetivo a ser conquistado na trajetória profissional do psicopedagogo, afinal, como dizem Portela e Oliveira (2017, p. 79): "É talvez a partir dessa 'polifonia' que seja possível conseguir nos autocentrar e parar para nos escutar sozinhos".

Com relação às contribuições da supervisão psicopedagógica para a **vida pessoal** das participantes, nem todas apontaram que houve alguma, mas aquelas que as identificaram destacaram como principal contribuição a **mobilização de aspectos internos**, como sensibilidade, empatia, autoconfiança, autoconhecimento, entre outros aspectos, conforme revelaram estas participantes:

> Percebi com a supervisora quanta **sensibilidade** e **empatia** são características importantes, seja na profissão ou na vida (Supervisionanda C).
>
> Estou me sentindo **mais confiante** (Supervisionanda D).
>
> **Saber me posicionar** frente a determinadas situações que exigem clareza e firmeza diante do outro (Supervisora B).
>
> **Autoconfiança, segurança** (Supervisionanda E).
>
> Habilidade em **conhecer melhor as pessoas** (Supervisora I).
>
> **Autoconhecimento, flexibilidade** (Supervisionanda G).
>
> Consigo me **entender** como sujeito aprendente (Supervisionanda H).
>
> **Diferente forma de encarar a vida** (Supervisionanda M).

Já estas supervisoras destacaram como contribuição da supervisão psicopedagógica à sua vida pessoal a possibilidade de **contribuírem socialmente**:

> [...] além de **contribuir socialmente** (Supervisora A).
>
> A oportunidade de poder **contribuir com as novas psicopedagogas** no atendimento de pessoas em situação de vulnerabilidade torna-se uma troca de experiências muito boa! (Supervisora J).

Examinando os aspectos que a supervisão psicopedagógica trouxe para a vida pessoal das participantes, gostaríamos de enfatizar uma particularidade que aqui nos parece fazer muita diferença: a oportunidade de poder contribuir socialmente. Segundo Stephanou, Müller e Carvalho (2003), os projetos sociais surgem do desejo de mudança de uma realidade, por meio de ações estruturadas de um grupo ou de uma organização.

A supervisão, num contexto social, alarga seu alcance na medida em que não se beneficiam apenas os supervisionandos, mas também uma comunidade de sujeitos que talvez não tivesse acesso a um atendimento psicopedagógico, não fosse o Projeto Social. Além destes, um grupo familiar e uma comunidade escolar podem ser, do mesmo modo, tocados e transformados. Essa é a beleza inerente a um projeto social.

Enfrentamento de desafios na supervisão psicopedagógica

Nessa segunda categoria analítica, apresentamos o que disseram as participantes acerca dos desafios enfrentados em seus atendimentos, compartilhados nos momentos de supervisão psicopedagógica.

Segundo as Supervisionandas B, D e H, as **dificuldades de aprendizagem** e os **aspectos que prejudicam o processo de aprender** constituíram-se em desafios no atendimento de seus sujeitos, os quais puderam ser desvelados na supervisão:

> A dificuldade de saber **por que o aluno não estava aprendendo** (Supervisionanda B):
>
> Estamos em atendimento com uma criança que tem apresentado **dificuldades de leitura e escrita**, [...] seguimos com atividades de linguagem oral e escrita, pensando juntas sobre a vivência familiar da criança atendida e do vínculo com os pais. [...] Uma troca muito gratificante (Supervisionanda D).
>
> Dificuldade de **compreender os diversos aspectos externos e internos que interferem no sujeito no processo de aprendizagem** (Supervisionanda H).

A psicopedagogia debruça-se sobre os processos de aprendizagem, que são amplos e complexos, e sobre a relação que o sujeito estabelece com o objeto de conhecimento. Muitas são as causas que produzem uma fratura na relação com o aprender. Por exemplo, Fernández (2001, p. 142-143), abordando o problema de aprendizagem como sintoma, diz que é próprio de cada um como a significação com o aprender vai se construindo, "embora em sua formação intervenham diferentes grupos pelos quais transitou cada sujeito em sua história, em especial o grupo familiar no qual o indivíduo foi gestado".

A supervisão psicopedagógica tem, aqui, sua matéria-prima, ou seja, a dupla supervisor e supervisionando trabalhará sobre os elementos não processados ou minimamente processados pelo sujeito e pelo supervisionando, por meio do estudo e da reflexão, na busca pela compreensão do que pode estar dificultando o processo de aprendizagem, como trouxeram as Supervisionandas B e D.

A disponibilidade mental do supervisor auxilia o supervisionando com seu aparato de "pensar pensamentos". Lisondo (2010, p. 71, 70), em um artigo para a *Revista Brasileira de Psicanálise*, explanando sobre o conceito de *rêverie* — muito estudado por diferentes autores em psicanálise, como Bion, Meltzer e Ogden —, diz que: "Quando essa função é capaz de formar articulações, relações e vínculos na matriz de significações, novos significados são criados. Conjecturas imaginárias podem ser inspiradas". Diz também que "não é apropriado usar *rêverie* – a não ser como analogia simbólica". Deste modo, analogamente, o supervisor coopera expandindo sentidos, sendo continente para as angústias e as dificuldades do supervisionando. No entanto, a análise pessoal é o espaço mais apropriado para que determinados sentimentos sejam investigados e aprofundados.

Outro aspecto apresentado por algumas participantes foi a **falta de comprometimento** com os atendimentos. No caso da Supervisionanda J, ela mencionou esse aspecto relacionado à família do sujeito atendido:

> No caso que estou atuando, surgiu a **dificuldade em relação às faltas**. [...] Conversamos bastante sobre como orientar a mãe sobre esta questão (Supervisionanda J).

Já as Supervisoras C e H trouxeram esse aspecto no que diz respeito às supervisionandas que acompanharam no Projeto Social:

> **Abandono de caso por parte da voluntária** [do Projeto Social], apesar de toda orientação, **a criança de um abrigo**

> foi abandonada novamente, numa região remota de SP (Supervisora C).
>
> Houve um caso onde a supervisionanda só dividia suas ações após cobranças firmes e pontuais. [...] A **falta de comprometimento com o sujeito, com as regras do P.S.** [Projeto Social] **e ética frente a proposta** me levaram a ter que atuar com delicadeza e firmeza. Não foi uma boa experiência e ao final **abandonou o atendimento, mostrando desrespeito ao sujeito, ao PS e à ABPpSP** (Supervisora H).

Stephanou, Müller e Carvalho (2003, p. 11) dizem o seguinte:

> Os projetos sociais não são realizações isoladas, ou seja, não mudam o mundo sozinhos. Estão sempre interagindo, através de diferentes modalidades de relação, com políticas e programas voltados para o desenvolvimento social. Um projeto não é uma ilha.

Ao tomarmos um sujeito em atendimento, devemos agir com ética e compromisso. A falta e o abandono de um atendimento psicopedagógico inserido num contexto social convertem-se em um grave ato de desrespeito e negligência, que gera desconforto nos participantes, como relataram as Supervisoras C e H e a Supervisionanda J, que esteve às voltas com a orientação parental. Novamente: "Um projeto social não é uma ilha".

Um desafio apresentado pela Supervisora F foi a dificuldade de uma supervisionanda **sair da posição de professora e assumir a de psicopedagoga**, revelando uma indiscriminação desses papéis:

> A **dificuldade de a supervisionanda sair do papel de professora** [...] e tentar pensar de maneira mais simbólica o caso. Inicialmente houve certa dificuldade de entendimento, depois a supervisionanda conseguiu começar a pensar um pouco nisso, mas é um caminho a ser construído por ela através da continuidade de supervisão e de formação. **Entender a psicopedagogia não como um trabalho pedagógico, adaptativo, mas sim como um trabalho de escuta e de espaço de construção do sujeito da aprendizagem** (Supervisora F).

A Supervisora F exprime um aspecto importante a ser analisado: a identidade do psicopedagogo e a confusão de papéis. Assim sendo, vamos nos estender um pouco sobre o assunto, resgatando um artigo de Rubinstein (2017) para a *Revista da Associação Brasileira de Psicopedagogia*, que contribui para pensar essa questão. Na introdução do artigo, a autora relembra os grupos de formação continuada nos anos 1980, quando Ana Maria Rodriguez Muniz, psicopedagoga argentina, trouxe as ideias inovadoras de Sara Paín, estabelecendo a distinção entre uma abordagem psicopedagógica reeducativa/adaptativa, ocupada com o fazer e a técnica — para educar novamente o sujeito —, e uma psicopedagogia dinâmica, pautada em aspectos subjetivos, além dos cognitivos, em busca da compreensão do problema de aprendizagem.

Na perspectiva da psicopedagogia dinâmica, o psicopedagogo é um especialista em aprendizagem que se debruça sobre a complexidade do aprender de um sujeito — ou sobre as necessidades de uma instituição —, quando cuidados específicos são demandados. Dedica-se a desvendar a condição de não aprendizagem e/ou a significação que o não aprender tem para o sujeito, investigando a articulação entre as dimensões lógica e simbólica. Constrói com o sujeito novas condições para rearticular a aprendizagem, apoiando-se em diferentes áreas e disciplinas do conhecimento, sem perder a "Integridade da Psicopedagogia", como diz Rubinstein (2017).

Por sua vez, o professor é um especialista em Ciências da Educação, dedicado a ensinar e transmitir. Ocupa-se das situações de ensino e aprendizagem, de recursos didáticos, atividades pedagógicas, processos de avaliação e desempenho dos alunos.

Sem reducionismos, entendemos que cada ofício tem uma natureza diferente. Quando um psicopedagogo reproduz um contexto de sala de aula, acaba por situar-se fora do enquadre psicopedagógico, ou seja, desrespeita aspectos técnicos e condições que estruturam a práxis psicopedagógica. Nesse sentido, a supervisão ajuda na discriminação dos papéis, fortalecendo a identidade desse profissional.

Um último aspecto sobre os desafios enfrentados nos atendimentos foi apresentado pela Supervisionanda L e diz respeito aos momentos de **impasse** no atendimento, em que o psicopedagogo se depara com um "**ponto cego**" que necessita ser desvelado na supervisão psicopedagógica:

> **A intervenção parecia estagnada**, então fui orientada [sobre] o que fazer [...] (Supervisionanda L).

Enfrentar um "ponto cego" pode gerar no profissional uma série de sentimentos e sensações, como impotência, ansiedade, insegurança e desmotivação, colocando em dúvida suas habilidades e sua competência.

Nesse momento, a busca de suporte, na supervisão, para desvelar o "ponto cego" e superar o desafio, é fundamental.

Segundo Portela e Oliveira (2017, p. 88), o supervisor "proporciona a descoberta de novos materiais, abordando teorias baseadas no caso em análise, colaborando assim com a elaboração de novas estratégias de atuação diante do mesmo". Muitas vezes, a contratransferência aprisiona o pensar e o fazer, e a supervisão, ao movimentar essa superfície, seja analisando o que está estagnado, latente, ou trazendo à tona novas possibilidades, rompe com os "pontos cegos", ou impasses, que paralisam a compreensão e, por conseguinte, o atendimento.

Interações da dupla supervisora e supervisionanda

Na terceira e última categoria, apresentamos as percepções das participantes acerca das interações da dupla supervisora e supervisionanda.

Confiança e **vínculo** foram aspectos dessa interação que emergiram das respostas de algumas participantes:

> **Confiança e vínculo** (Supervisionanda A).

> Acho que precisa haver um **vínculo forte de confiança**, só desta forma é possível falar de nossas dúvidas, nossas ideias mais originais, sem medo de ser julgado e desvalorizado (Supervisora C).

> Penso que é um **vínculo de confiança e respeito** de ambas as partes que deve ser construído (Supervisora F).

> **Vínculo / confiança** (Supervisora G).

> Um **bom vínculo, boa articulação** com as novas propostas, estratégias... (Supervisora I).

> Temos um **bom vínculo afetivo** (Supervisionanda M).

Vínculo é aquilo que une, que estabelece um laço que perdura enquanto existe um investimento afetivo mútuo. Tanto as supervisoras quanto as supervisionandas citaram o vínculo dentro da situação de supervisão. Desta forma, entendemos que a psicopedagogia pede esse refinamento, essa qualidade de laço, de relação de confiança na qual presença e ausência concorrem para o mesmo fim, já que apego e conexão são condições para nos sentirmos amparados e amados.

No entanto, é preciso observar que, se o vínculo estabelecido na supervisão tem a constância do supervisor e certa dependência do supervisionando, é necessário não perder de vista que um dos propósitos da supervisão deve ser que o supervisionando se autorize a pensar e caminhe da dependência para a autonomia. Fazer psicopedagogia não é outra coisa senão isso.

Generosidade, parceria, empatia, aprendizagem mútua e outros tantos aspectos relacionados às interações da dupla supervisora e supervisionanda foram citados por estas participantes:

> A **confiança**, o **interesse**, a **generosidade** em passar o conhecimento e em compartilhar o material disponível (Supervisionanda B).

> Parceria, **troca**, apoio (Supervisionanda F).

> Acho imprescindível a **troca**, aprendo continuamente com isso, o conhecimento prático da supervisora dá ao supervisionado o olhar fora da caixa (Supervisionanda G).

> Uma **troca** de conhecimento riquíssima (Supervisionanda L).

> Espaço seguro para **trocar** desafios, **feedbacks construtivos**, reconhecimento, **confiança** e o **auxílio** para atingir as metas (Supervisionanda N).

> A **troca** de experiências e perspectivas de análise e **compreensão** das mesmas (Supervisionanda O).

> **Controle da ansiedade. Vontade em aprender. Compaixão. Empatia. Troca** (Supervisora J).

> Acho que tem que ser uma interação de **parceria** e no meu caso acredito que tem dado muito certo (Supervisionanda J).

> Uma **parceria** onde o supervisor divide seu olhar, revê teoria e ações e o supervisionando traz seu ponto de vista, e juntos aprendem (Supervisora H).

> **Aprendizagem mútua** (Supervisora E).

Entendemos que as interações da dupla supervisora e supervisionanda, quando constituídas de aspectos como esses, refletem um modelo de supervisão psicopedagógica humanizada, construtiva e potente, no qual todas têm a oportunidade de aprender e de se desenvolver juntas.

Por fim, **liberdade para se expressar, respeito, atenção, motivação** e **segurança** foram aspectos trazidos por estas supervisionandas:

> **Abertura para expor suas dúvidas** sem sentir-se ameaçada por estar aprendendo (Supervisionanda D).

> [...] o maior destaque é a **forma respeitosa e atenciosa como sou tratada** (Supervisionanda E).

> O **ouvir** (Supervisionanda I).

> Aspectos vinculados à **motivação e segurança** (Supervisionanda P).

Interações da dupla supervisora e supervisionanda constituídas de aspectos como esses são a expressão de um espaço no qual as pessoas se sentem seguras para compartilhar ideias e dificuldades, sabendo que serão ouvidas sem julgamentos. Por isso a importância de o supervisor estar aberto à escuta, "direcionando sempre as soluções para quem o procura, de forma sutil, deixando o outro livre para se posicionar, opinar, conversar, escolher a melhor decisão para o caso em estudo", como destaca Pereira, (2016, p. 77).

Considerações finais

O objetivo deste capítulo foi trazer ao leitor informações e reflexões acerca da supervisão psicopedagógica, um dos três pilares nos quais deve se pautar a práxis psicopedagógica, com a formação continuada e a terapia pessoal.

Para isso, conduzimos nossa escrita baseadas em autores que abordam tanto o tema da supervisão como outros temas que contribuíram para ampliar nossa compreensão sobre essa prática. Baseamo-nos também nas respostas de supervisoras e supervisionandas do Projeto Social da ABPp SP que, gentilmente, dispuseram-se a participar de nossa pesquisa.

Assim, considerando os aportes teóricos apresentados no texto e a análise dos dados produzidos pelas participantes, entendemos que a supervisão psicopedagógica trouxe contribuições profissionais e pessoais tanto para as supervisoras quanto para as supervisionandas.

Com relação às contribuições profissionais, as participantes revelaram que os encontros de supervisão psicopedagógica se constituem em espaços de troca, de acolhimento e de suporte, que lhes possibilitam ampliar o conhecimento teórico-prático relacionado à psicopedagogia, atualizar-se na área e desenvolver-se profissionalmente. As participantes também mencionaram que a supervisão psicopedagógica contribuiu para que obtivessem mudanças na postura profissional, relacionadas à escuta e ao olhar psicopedagógicos, e desenvolvessem a autoconfiança e a autonomia no trabalho realizado.

Quanto às contribuições pessoais, as participantes apontaram que a supervisão psicopedagógica possibilitou que mobilizassem outros aspectos internos, como sensibilidade, empatia, posicionamento, segurança, flexibilidade e autoconhecimento. O incentivo a buscar formação continuada e a possibilidade de contribuir socialmente, por intermédio do trabalho voluntário realizado no Projeto Social da ABPp SP, também foram contribuições pessoais destacadas pelas participantes.

Pudemos constatar a importância da supervisão psicopedagógica no desvelamento dos desafios, dos "pontos cegos" com que as supervisionandas se deparam em seus atendimentos, os quais, ao serem compartilhados com as supervisoras, puderam ser discutidos e elucidados.

De modo geral, esses desafios dizem respeito ao processo de aprendizagem dos sujeitos atendidos, tanto da perspectiva de suas dificuldades como dos aspectos que interferem nesse processo; à falta de comprometimento com os atendimentos, seja por parte da família do sujeito, seja por parte de quem realiza o atendimento; e à indiscriminação dos papéis de professora e de psicopedagoga.

Por fim, compreendemos que a confiança e o vínculo são aspectos importantes na interação da dupla supervisora e supervisionanda, e que um espaço de supervisão psicopedagógica permeado por generosidade, parceria, empatia, liberdade de expressão, respeito, atenção, motivação e segurança tornam esse espaço humanizado, construtivo e potente, propiciador de aprendizagens mútuas.

Durante o processo de escrita deste capítulo, tivemos a companhia de muitos autores que, direta ou indiretamente, contribuíram para refletirmos sobre o que é supervisão, seus benefícios e sua importância para a integridade da psicopedagogia. De forma adicional, pudemos também nos debruçar sobre nossa própria identidade e nossa práxis revelada numa memória coletiva.

À semelhança do Paradoxo do Navio de Teseu, herói da mitologia grega, que coloca em dúvida se um objeto permanece inalterado, mesmo que todas as suas partes tenham sido modificadas, entendemos que, na construção da identidade psicopedagógica, convergem tanto aspectos objetivos quanto subjetivos que nos modificam, ao mesmo tempo que nos mantêm integrados em uma identidade. As supervisoras e as supervisionandas que participaram da pesquisa observaram mudanças tanto em sua vida pessoal quanto na profissional, experimentando a continuidade nas transformações.

Determo-nos sobre os depoimentos de quem teve a oportunidade de vivenciar a supervisão em psicopedagogia oferecida aos voluntários do Projeto Social permitiu-nos, como visto anteriormente, construir reflexões e aprofundar nossos conhecimentos sobre o tema.

Ao mesmo tempo, à medida que nos debruçávamos sobre o material, novos questionamentos se desdobravam, fosse pela ausência de dados, fosse por nos instigar a aprofundar mais sobre o assunto, entre eles: haveria certa confusão no entendimento da função da supervisão — enquanto espaço para análise, elaboração, investigação e compreensão dos desafios encontrados — com um espaço de formação continuada, dada alguma insuficiência na formação inicial do psicopedagogo? E o supervisor, como entende essa questão? Como o supervisionando prepara sua supervisão, isto é, como organiza aquilo que nasce da solidão do seu atendimento em forma de registros, dúvidas, hipóteses, embaraços ou inquietações? Essas e outras questões nos provocaram a continuar perguntando-nos sobre o tema.

Finalizando, a experiência da supervisão, concebida como um espaço de análise, interlocução e trocas intersubjetivas da dupla supervisor e supervisionando, caracteriza-se por ser um ambiente aberto à investigação. Seu objetivo é preservar a riqueza da polissemia, revelando diferentes camadas de significação, explorando nuances diversas, sem recorrer a soluções ou reduções simplistas que não favoreçam uma compreensão mais profunda e complexa daquilo que se quer examinar.

Conviver com um tanto de desorientação e surpresa, dada nossa incompletude, num processo que não se desenrola linearmente, pede um ajustamento contínuo de percurso, de trocas, e traz-nos da solidão ao pertencimento, o que dá sentido à própria dimensão da práxis psicopedagógica, mais ainda como psicopedagogos participantes de um Projeto Social.

Referências

AGUIAR, W. M. J. *et al*. Reflexões sobre sentido e significado. *In*: BOCK, A. M. B.; GONÇALVES, M. G. M. (org.). **A dimensão subjetiva da realidade**: uma leitura sócio-histórica. São Paulo: Cortez, 2009. p. 54-72.

ALMEIDA, L. B. Apresentação. *In*: PORTELA, L. Q. B.; OLIVEIRA, S. F. M. **Supervisão psicopedagógica**: da reflexão à ação. Rio de Janeiro: Wak Editora, 2017. p. 19-22.

ANDRÉ, M. Texto, contexto e significados: algumas questões na análise de dados qualitativos. **Cadernos de Pesquisa**, São Paulo, v. 45, p. 66-71, maio 1983. Disponível em: http://publicacoes.fcc.org.br/ojs/index.php/cp/article/view/1491. Acesso em: 7 out. 2024.

ASSOCIAÇÃO BRASILEIRA DE PSICOPEDAGOGIA. **Código de ética**. São Paulo: ABPp, 2019. Disponível em: https://www.ABPp.com.br/wp-content/uploads/2020/11/codigo_de_etica.pdf. Acesso em: 28 set. 2024.

BROIDE, E. E. A supervisão como interrogante ético e político da práxis do analista. *In*: DUVIDOVICH, E.; GOLDENBERG, R.; BROIDE, E. E. (org.). **A supervisão psicanalítica**: ofício e transmissão. São Paulo: Zagodoni, 2020. p. 91-111.

DUVIDOVICH, E. O que espero de uma supervisão. *In*: DUVIDOVICH, E.; GOLDENBERG, R.; BROIDE, E. E. (org.). **A supervisão psicanalítica**: ofício e transmissão. São Paulo: Zagodoni, 2020. p. 113-122.

FERNÁNDEZ, A. **A mulher escondida na professora**: uma leitura psicopedagógica do ser mulher, da corporalidade e da aprendizagem. Tradução de Neusa Kern Hickel. Porto Alegre: Artes Médicas Sul, 1994.

FERNÁNDEZ, A. **Os idiomas do aprendente**: análise de modalidades ensinantes em famílias, escolas e meio de comunicação. Tradução de Neusa Kern Hickel e Regina Orgler Sordi. Porto Alegre: Artmed Editora, 2001.

FERREIRA, N. S. C. Supervisão educacional. *In*: OLIVEIRA, D. A.; DUARTE, A. M. C.; VIEIRA, L. M. F. DICIONÁRIO: trabalho, profissão e condição docente. Belo Horizonte: UFMG/Faculdade de Educação, 2010. Disponível em: https://gestrado.net.br/verbetes/supervisao-educacional. Acesso em: 28 set. 2024.

GARCÍA, C. M. **Formação de professores**: para uma mudança educativa. Porto: Porto Editora, 2009.

IMBERNÓN, F. **Formação docente e profissional**: formar-se para a mudança e a incerteza. 8. ed. São Paulo: Cortez, 2010.

LAPLANCHE, J.; PONTALIS, J. B. **Vocabulário de psicanálise**. Tradução de Pedro Tamen. Direção de Daniel Lagache. São Paulo: Martins Fontes, 1991.

LISONDO, A. B. D. de. Rêverie re-visitado. **Revista Brasileira de Psicanálise**, São Paulo, v. 44, n. 4, p. 67-84, 2010. Disponível em: https://pepsic.bvsalud.org/scielo.php?script=sci_arttext&pid=S0486-641X2010000400007. Acesso em: 2 dez. 2024.

PAÍN, S. **Subjetividade e objetividade**: relação entre desejo e conhecimento. São Paulo: Cevec, 1996.

PEREIRA, D. S. C. A supervisão psicopedagógica e o pensamento crítico. **Rev. Psicopedagogia**, São Paulo, v. 33, n. 100, p. 75-85, 2016. Disponível em: https://www.revistapsicopedagogia.com.br/detalhes/20/a-supervisao-psicopedagogica-e-o-pensamento-critico. Acesso em: 24 nov. 2024.

PORTELA, L. Q. B.; OLIVEIRA, S. F. M. **Supervisão psicopedagógica**: da reflexão à ação. Rio de Janeiro: Wak Editora, 2017.

RUBINSTEIN, E. Psicopedagogia, psicopedagogo e a construção de sua identidade. **Rev. Psicopedagogia**, São Paulo, v. 34, n. 105, p. 310-319, 2017. Disponível em: https://www.revistapsicopedagogia.com.br/detalhes/541/psicopedagogia--psicopedagogo-e-a-construcao-de-sua-identidade. Acesso em: 19 nov. 2024.

SIGALLA, L. A. A. **Tutoria acadêmica entre pares na pós-graduação stricto sensu**: contribuições desse espaço coletivo-colaborativo de trabalho e formação. A experiência do Formep, na PUC-SP. 2018. Tese (Doutorado em Educação: Psicologia da Educação) – Pontifícia Universidade Católica de São Paulo, São Paulo, 2018. Disponível em: https://sapientia.pucsp.br/handle/handle/21050. Acesso em: 7 out. 2024.

SIGALLA, L. A. A.; PLACCO, V. M. N. S. Análise de prosa: uma forma de investigação em pesquisas qualitativas. **Revista Intersaberes**, Curitiba, v. 17, n. 40, p. 100-113, 2022.

SOUZA, A. Z. Elaboração de relatório psicopedagógico e devolutiva. *In*: PIZA, C. T.; CAMPOS, T. M. L.; MACEDO, E. C. (org.). **Intervenções em psicopedagogia**. São Paulo: Hogrefe, 2023. v. 1, p. 106-120.

STEPHANOU, L.; MÜLLER, L. H.; CARVALHO, I. C. M. **Guia para elaboração de projetos sociais**. 2. ed. São Leopoldo; Porto Alegre: Sinodal; Fundação Luterana de Diaconia, 2003.

VÁZQUEZ, A. S. **Filosofia da práxis**. 2. ed. São Paulo: Expressão Popular, 2011.

PERCURSO DE APRENDIZAGEM: UM TRAJETO REVISITADO

Elisa Maria Pitombo
Marcella Frazão Nogueira

Sustentadas pelas principais ideias e pelos pressupostos do projeto social da Associação Brasileira de Psicopedagogia Seção São Paulo (ABPp SP), apresentamos um estudo de caso que nos leva a repensar as parcerias estabelecidas entre a escola e a família no processo de aprender e seus problemas.

Para tanto, realizamos um estudo de caso de uma criança que mora em uma comunidade territorial de São Paulo, cujas características socioeconômicas são comprometidas. A pobreza e a falta de recursos financeiros e educacionais se fazem presentes como realidades que esbarram nos indivíduos e os contornam nesse contexto, porém, do nosso ponto de vista, não os determinam.

O atendimento clínico psicopedagógico será descrito a seguir, mas, inicialmente, queremos apresentar uma relevante questão.

M., o sujeito deste estudo de caso, está inserido em um bairro favelizado, localizado na região sul da cidade de São Paulo. Todos os dias, ele se desloca por um longo percurso, dessa comunidade até uma escola pública, situada na zona sul de São Paulo, em um bairro de alto nível socioeconômico.

O objetivo deste estudo de caso é trazer a reflexão sobre a relação entre o conhecimento, o saber, o desejo e suas vicissitudes a partir de uma visão psicopedagógica, na qual o sujeito é visto em sua singularidade.

Diante disso, propomos algumas questões:

O entorno socioeconômico determina as condições da aprendizagem?

Será que a relação familiar entre mãe e filhos que habitam uma moradia de apenas um cômodo e vivem de doações seria a única causa responsável pelas dificuldades de aprendizagem?

Quais são os motivos que levam a mãe do sujeito a realizar um deslocamento de longo trajeto até a escola pública?

Como o sujeito se mobiliza para o saber na aprendizagem?

No processo de aprendizagem, o conhecer está vinculado ao desejo. Segundo Fernández (2001), o adulto deveria escutar as vontades que as crianças têm de aprender, podendo favorecer as experiências prazerosas nesse processo, nas quais se tornam sujeitos autores do conhecimento.

O que nutre o desejo de conhecer é a pergunta e a dúvida, pois situam-se entre o que se conhece e o que não se conhece. O sujeito pode se permitir realizar metacognição, ou seja, pensar sobre seu pensamento para a construção do saber.

Na relação entre ensinante e aprendente, o processo de construção do conhecimento possibilita a alteridade, o constituir-se com o outro. Permite ao sujeito perceber como ele enxerga o outro e como o outro o enxerga, possibilitando, através de suas vivências psíquicas, a constituição de sua singularidade ao se diferenciar do outro.

A ideia defendida por Freud (Kupfer,1999) assinala que a pulsão de saber está associada à pulsão de ver. Nesse sentido, a curiosidade como mote propulsiona o indivíduo a investigar, questionar, dominar o saber sobre os objetos do mundo. Sendo assim, para a autora, o visual não é um elemento acessório quando se trata da pulsão de saber, da pulsão epistemofílica; trata-se de um elemento fundamental de contato com as características dessa função.

Assim, a transferência desenvolve um importante papel nas relações, e também se faz presente nas relações entre ensinante e aprendente, no processo de ensino-aprendizagem.

Sobre esse aspecto na relação com o aprendente, Kupfer relata:

> O educador é também um sujeito marcado por seu próprio desejo inconsciente. É exatamente esse desejo que o impulsiona para a função de mestre... Só o desejo do professor justifica que ele esteja ali. Mas, estando ali, precisa renunciar a esse desejo (Kupfer, 1999, p. 33).

Do ponto de vista de Kupfer, baseada nas ideias de Freud, esses elementos são importantes para que os psicopedagogos possam entender que a pulsão de saber está vinculada ao processo de domínio do mundo através da visão.

Assim, uma criança necessita explorar o mundo, entendendo os seus signos e símbolos, para alimentar o seu processo de saber e aprendizagem. Paín (2009) aponta que o sujeito se submete à transmissão de cultura, pois supõe uma ação cujo determinante é a situação do sujeito na relação da educação junto à sua família, ao seu grupo social e ao seu grupo representativo.

Dessa forma, o sujeito deste caso clínico traz consigo uma bagagem cultural concernente à sua condição social e, ao mesmo tempo, adquire visões educacionais da escola a que pertence. É importante ressaltar que cada um desses ambientes — a casa e a escola — apresenta características socioculturais distintas.

Por outro lado, a reação comunicativa que a família terá diante do problema de aprendizagem está vinculada aos valores sociais que atribui à aprendizagem escolar. O fracasso escolar e o não cumprimento dos "deveres escolares" terão uma conotação muito grave para aquelas famílias que consideram a escola um local de prestígio e meio de inserção ou ascensão social (Pitombo, 2007).

Em face do problema de aprendizagem, há ainda outras famílias que atribuem a dificuldade unicamente à escola, com o seguinte discurso: "meu filho não se adapta a esta escola", ou ainda "a professora não sabe ensinar a meu filho".

Para Paín (2009), a transmissão da cultura é sempre ideológica, não na medida em que é seletiva, mas por ser própria da conservação dos modos peculiares de operar, portanto serve à manutenção de estruturas definidas de poder, segundo a visão do materialismo histórico. A autora assinala que, através da educação, a civilização pretende manter a pulsão em seus trilhos.

Em uma visão sistêmica, poderíamos entender que o entorno social e o familiar contribuem para a modalidade de aprendizagem na perspectiva de Fernández (2001), porém não a determinam, como veremos, a seguir, no estudo de caso.

Na prática e na supervisão clínica psicopedagógica, verifica-se que, quando o problema de aprendizagem é entendido na família, em especial pelos pais, com a possibilidade de que se inaugurem padrões de comportamento nas funções parentais e filiais, ele se torna uma oportunidade para clarear o significado do sintoma e ressignificá-lo através de padrões alternativos de aprendizagem.

Estudo de caso M.

Quando M. foi encaminhado pela escola para o projeto social ABPp SP para atendimento psicopedagógico clínico, ele estava com 8 anos de idade.

A ABPp Seção São Paulo tem como missão desenvolver ações que busquem consolidar a identidade do psicopedagogo enquanto profissional do processo de aprendizagem nos diversos segmentos da sociedade, constituindo-se em referência no estado de São Paulo. Seu objetivo principal é desenvolver ações que estimulem a reflexão sobre a prática com a equipe gestora e docente.

Foram apresentadas pelos pais as seguintes queixas: dificuldades de relacionamento social, entrando constantemente em conflito com os amigos na escola, além da dificuldade no processo de alfabetização, principalmente em questões de leitura e escrita.

Durante a avaliação psicopedagógica, M. mostrou-se ora desatento, ora envolvido. Em alguns momentos, apresentou dificuldade em compreender as consignas, com repertório e vocabulário limitados para a faixa etária. Nos jogos, mostrava compreensão das regras e atenção nas estratégias.

Frequentou fonoaudióloga (on-line) e fez aulas de reforço.

Com relação ao aspecto afetivo, suas relações no espaço clínico foram investigadas por meio das técnicas projetivas de Visca, fazendo uso de desenhos e relatos, além da hora do jogo psicopedagógico. Esta última constitui uma sessão importante para o processo de avaliação, pois demonstra como o indivíduo interage na relação com os objetos de aprendizagem, modificando-os e internalizando-os para, logo em seguida, transformá-los. Inicialmente, também foi realizada a Entrevista Operativa Centrada na Aprendizagem (Eoca).

Durante o atendimento de M., foram necessárias provas pedagógicas para observarmos aspectos de leitura e escrita (sondagem); avaliação de matemática (sondagem); jogos pedagógicos; e também a análise do material escolar.

Citaremos apenas algumas provas operatórias que se mostraram relevantes para o caso, pois aqui não nos debruçaremos a analisar tão somente o caso clínico, mas o aspecto desejante de um sujeito. Dentre essas provas operatórias, serão destacadas apenas conservação de líquidos, quantificação de inclusão de classes e interseção de classes.

Andreozzi (1995) corrobora essa ideia e relata que o pensamento operatório se constitui a partir da angústia de castração, pois posiciona a criança como pertencente a uma filiação, desenvolvendo assim a noção de inclusão de classes e, posteriormente, a noção de numeral.

Levanta-se como hipótese que o movimento desejante é a mola propulsora da construção do conhecimento. É a partir da sua própria constituição como sujeito desejante que este entra em contato com o conhecimento e se permite ser um sujeito autor, podendo construir seu próprio saber.

Nas provas operatórias, em relação ao processo cognitivo, observou-se ser sempre necessário fazer questionamentos para que M. avançasse em sua produção, porém sua resposta mostra que existe um potencial que precisa ser mobilizado e ancorado por um repertório mais amplo e diversificado.

Na maioria dos testes, ele estabelece a identidade inicial e oscila entre as respostas conservadoras e não conservadoras, nas modificações e contra argumentações. Responde com acerto à pergunta do retorno empírico.

Nos desenhos projetivos, M. foi capaz de compreender as consignas na maior parte das situações. Por outro lado, em certas ocasiões, apresentou menor foco de atenção, especialmente quando se tratava de propostas em que a escrita acompanhava as produções. Essa postura nos aponta que M. apresenta um vínculo enfraquecido com o conhecimento formal, preferindo as atividades lúdicas. Dessa forma, atuamos como escriba nos relatos.

Segundo Paín (2009), a cognição e o desejo devem atuar juntos, mas sem que um interfira no outro. Para a concretização da escrita, por exemplo, o sujeito deve inscrever-se, ou seja, ele deve ter sido inscrito pelo outro, inicialmente em seu ambiente familiar e posteriormente em suas relações sociais.

Em relação à aprendizagem da leitura e escrita, M. apresenta uma hipótese de escrita silábico-alfabética, com valor sonoro, isto é, estabelece relação entre fonema e grafema, ora utilizando uma letra para cada sílaba, ora utilizando mais letras.

Nas situações de leitura de textos e frases, no contexto de leitura de regras de jogos, lista de palavras e fábula infantil, percebeu-se a troca de letras, de R por L na fala, e de B por P na escrita.

Em relação ao nível de desenvolvimento do pensamento, naquele momento, M. apresentou uma estrutura oscilante em relação a sua faixa etária, ou seja, transição entre a estrutura de pensamento pré-operatória e operatória, com um pensamento capaz de classificar e seriar, no entanto ainda com dificuldades nos níveis de conservação e reversão de operações.

Durante as atividades de matemática (aritmética/raciocínio lógico), M. apresentou alguma dificuldade nas operações numéricas (soma, subtração, multiplicação e divisão). Possui boa capacidade de leitura e escrita de números, sendo capaz de alcançar até a ordem das centenas.

Realizou operações com algoritmos simples de adição e subtração com estratégias como contagem nos dedos, cálculo mental e agrupamentos com uso de material concreto (lápis).

Na resolução de situações-problema, houve comprometimento, pela falta da leitura; mas conseguiu perceber as operações envolvidas com ideias de adição e subtração com o apoio de um leitor. Não apresenta domínio das operações de multiplicação e divisão.

Durante as sessões, M. apresentou-se animado, comunicativo, com interesse em participar e também desenhar, mas, às vezes, mostrava-se distraído. Interagiu nas atividades, relatando fatos da vida cotidiana quando questionado, mas observou-se, naquele momento, certa dificuldade em organizar as ideias.

No âmbito escolar, manifestou muitos problemas de agressividade em seu percurso inicial, apresentando um quadro de melhora na adaptação a partir do segundo ano do ensino fundamental. No ambiente da sala de aula, muitas vezes não conseguia realizar as atividades sozinho; durante as sessões, precisava de repetidas instruções, havendo melhora nos últimos meses. As dificuldades no processo de aprendizagem e os conflitos ao longo do percurso escolar, principalmente durante as aulas on-line no período da pandemia, foram experiências na vida de M. que, provavelmente, comprometeram o vínculo com os amigos e a escola, fatos relatados em conversa com a professora.

Possui boa capacidade de interação socioafetiva, o que foi verificado nos atendimentos de quarta-feira, e este ponto deve ser levado em consideração quando se trata de situações de aprendizagem, pois rapidamente criou um vínculo com a psicopedagoga, o que favoreceu o atendimento psicopedagógico semanal.

Buscou-se obter uma compreensão global da forma de aprender e dos ruídos que estão ocorrendo no desenvolvimento integral de M. Diante das análises das provas, da entrevista e do relatório de avaliação, concluiu-se haver necessidade, entre outras, de priorizar a alfabetização, preferencialmente através de estimulação com leitura, escrita e desenhos; associar figuras/imagens aos textos para ajudar nas dificuldades de escrita; utilizar material concreto e jogos para avançar e consolidar os conhecimentos da matemática etc.

É importante salientar que a escola também deve favorecer espaços de criação e autoria, em que M. perceba que é capaz de realizar tarefas, e privilegiar atividades em que os desafios sejam coerentes com seu momento de aprendizagem, possibilitando, assim, espaços de convivência e acolhimento, tanto com os colegas como com a professora e os membros da escola, a fim de que sua autoestima e sua segurança sejam contempladas.

Havia uma queixa relacionada à fala de M., desde o atraso na aquisição, na primeira infância, até a incapacidade de se comunicar com clareza. O período de pandemia, com o uso da máscara em virtude do protocolo preventivo contra a doença do coronavírus (Covid-19), certamente prejudicou o processo de alfabetização, contudo percebeu-se que M. apresenta dificuldades em pronúncia e articulação de algumas palavras, por isso recomendamos uma avaliação com um(a) especialista, fonoaudiólogo(a).

A avaliação psicopedagógica caracteriza as queixas apresentadas como dificuldade de aprendizagem devido a um processo de alfabetização frágil, com intervenções não controladas, assim como um empobrecimento de estímulos pedagógicos, principalmente devido à pandemia. Diante desse quadro, sugerimos estabelecer com M. uma rotina com horários claros e definidos para suas atividades, como refeições, estudar, dormir, ajudando-o a organizar-se. Além disso, orientar a mãe a priorizar o uso dos óculos, facilitando assim a leitura e a escrita em sala de aula; a fazer leituras com M. antes de dormir, pois esse momento seria uma boa forma de ressignificar o vínculo com o conhecimento, além de construir processos de segurança e acolhimento, que seriam um estímulo para que ele trouxesse seus sonhos de viagem, como o que foi relatado durante o Projeto Havaí.

Projeto Havaí

No início de agosto, iniciamos com M. um projeto denominado Havaí, após a leitura do livro *Vamos dar a volta ao mundo? Conhecendo nosso planeta com a família Klink* (Klink, 2018). M. revelou alguns de seus desejos, entre eles, em seus desenhos e conversas, demonstrava seu interesse pelo tema, dizia gostar muito do mar e de beber água de coco.

A partir daí, surgiram várias ideias e foram desenvolvidas intervenções com a leitura e a escrita. M. relatava suas percepções, sugeridas através da leitura das ilustrações, explanando hipóteses sobre a história, qual seria o seu final, e assim avançava em seu processo de aprendizagem.

Surgiam frases e relatos, desenhos sobre um trecho que ele havia lido, a macro e a microestrutura sendo usadas nas famílias silábicas, nos dígrafos e encontros consonantais.

Conforme M. sonhava, também trazia suas receitas, vendo o filme *Ratatouille* (2007), ou lendo livros e sonhando em dar a volta ao mundo; ele viajava na sua imaginação, com desejos bem distantes de sua realidade. Sua leitura e sua escrita se tornavam mais claras, e assim fomos inserindo diversos gêneros textuais, como jornal, receitas e bilhetes, para que se transportasse em seus desejos.

Natel (2006) relata que, quando os aspectos subjetivos e objetivos do sujeito se mesclam, o que é da ordem do universal passa a ser da ordem do singular; assim, o sujeito da aprendizagem atribui significações subjetivas e passa a operar com uma lógica própria. Esse fator é notado quando M. busca, na leitura do livro citado anteriormente, seu desejo de conhecer o Havaí, mobilizando sua expressão oral e escrita e seu desejo de aprender.

Considerações finais

Para concluir, detectamos que as manifestações individuais do desejo de aprender são passíveis de transformações. O aluno que ingressa na escola traz consigo suas marcas históricas, suas vivências amorosas, suas concepções alternativas, ou seja, ideias que carrega consigo para o contexto de sala de aula, adquiridas pela experiência do dia a dia.

Cabe, portanto, ao educador o papel de mediador entre o aluno e a cultura, ou seja, entre o educando — objeto do conhecimento da educação — e a realidade, com o intuito de incitar o desejo de aprender e a aprendizagem efetiva dos alunos.

A contribuição deste trabalho é possibilitar, para os profissionais que lidam com a aprendizagem, uma compreensão maior sobre a importância do desejo de aprender e a relação do aluno com o saber. A nosso ver, o entorno não determina.

No entanto, Kupfer (1999) destaca que, para que essa curiosidade seja levada a cabo, no campo da educação, é necessária a mediação de um professor. Assim, o processo de aprendizagem pressupõe alguém que ensine e alguém que aprenda. Essa aprendizagem também vai depender do lugar em que cada professor é colocado por seu aluno.

A mesma autora destaca, em relação ao professor, que "sua fala deixa de ser inteiramente objetiva, mas é escutada através dessa especial posição que ocupa no inconsciente do sujeito" (Kupfer, 1999, p. 33).

A psicopedagogia tem a função de entender a construção do conhecimento e suas vicissitudes, integrando os aspectos cognitivos, afetivos e sociais. O processo de aprendizagem do sujeito se caracteriza como epistêmico, com base na assimilação e na acomodação do conhecimento e do desejo, de sua constituição como sujeito e das representações inconscientes.

É uma área de estudo e de atuação que se ocupa dos processos de aprendizagem humana, levando em consideração a influência dos meios familiar, escolar e social em seu desenvolvimento.

Referências

ANDREOZZI, M. L. A inteligência ancorada no movimento do desejo. **Doxa:** Revista Paulista de Psicologia da Educação do Departamento de Psicologia da Faculdade de Letras da Unesp, Araraquara, São Paulo, v. 1, n. 1, p. 15-30, 1995.

FERNÁNDEZ, A. **O saber em jogo:** a psicopedagogia propiciando autorias de pensamento. Porto Alegre: Artmed, 2001a.

FERNÁNDEZ, A. **Os idiomas do aprendente:** análise das modalidades ensinantes com famílias, escolas e meios de comunicação. Porto Alegre: Artmed, 2001b.

KLINK, M. **Vamos dar a volta ao mundo?** Conhecendo nosso planeta com a família Klink. São Paulo: Companhia das Letrinhas, 2018.

KUPFER, M. C. Problemas de aprendizagens ou estilos cognitivos: um ponto de vista da psicanálise. *In:* RUBINSTEIN, E. (org.). **Pedagogia:** uma prática, diferentes estilos. São Paulo: Casa do Psicólogo, 1999, p. 31-45.

LINKEIS, R. C. M. B. B. **Um olhar psicopedagógico sobre o cenário da aprendizagem**. 1997. Monografia (Especialização Lato Sensu em Psicopedagogia) – Pontifícia Universidade Católica de São Paulo, São Paulo, 1997.

NATEL, M. C. O rendimento escolar insatisfatório e sua relação com a modalidade de aprendizagem. *In*: RUBINSTEIN, E. R. (org.). **Psicopedagogia**: fundamentos para a construção de um estilo. São Paulo: Casa do Psicólogo, 2006. p. 89-102.

PAÍN, S. **Subjetividade e objetividade**: relação entre desejo e conhecimento. Petrópolis: Vozes, 2009.

PITOMBO, E. M. Família, psicopedagogia e pós-modernidade. **Caderno de Psicopedagogia**, São Paulo, v. 6, n. 11, p. 12-21, 2007. Disponível em: www.sumarios.org. Acesso em: 22 abr. 2025.

RATATOUILLE. Direção: Brad Bird. Estados Unidos: Pixar; Walt Disney Pictures, 2007. DVD (111 min.).

SERÁ MESMO QUE HÁ CRIANÇAS QUE NÃO APRENDEM?

Carin Homonnay Petti
Maria Cristina Natel
Silvana de Jesus Ribeiro da Silva

Introdução

Por mais que tentasse, Gabriel não aprendia a ler. Em 2023, com 8 anos, no terceiro ano do ensino fundamental em uma escola pública paulistana, apenas desenhava seu nome. Ainda não compreendia a existência da associação grafofonêmica. "Não aprende porque é safado", dizia o padrasto. "Está na hora de começar a ler, né?", cobrava-lhe a professora, como se o garoto não decifrasse o mundo das letras por mera preguiça. "Esse menino tem alguma coisa, não aprende", emendava a orientadora. A cerca de 50 quilômetros dali, em outra escola pública, na cidade de Santo André, estuda outra criança que, aos olhos de muitos, também não aprende. É Clara, uma garota com fissura palatina, perda auditiva leve e diagnosticada com Transtorno do Espectro Autista (TEA). Como Gabriel, aos 8 anos, ela não estava alfabetizada.

As duas crianças chegaram ao projeto social Sementes do Amanhã, da Associação Brasileira de Psicopedagogia Seção São Paulo (ABPp SP), com queixas relacionadas a leitura, escrita e raciocínio matemático, associadas a dificuldades atencionais, impulsividade, agitação excessiva e, no caso de Clara, também dificuldade na fala.

Este capítulo tem foco na intervenção psicopedagógica dos dois casos, com reflexões sobre as estratégias destinadas ao desenvolvimento de aptidões associadas à aquisição de leitura e escrita de Clara e Gabriel. Nos atendimentos, buscamos promover o desenvolvimento de aspectos cognitivos, afetivos, psicomotores e sociais das crianças — processos alinhados às necessidades e às potencialidades de cada indivíduo.

Também singulares são os obstáculos enfrentados por Gabriel, Clara e tantas outras crianças no processo de aprendizado. Por isso, como diz Weiss (2009), um diagnóstico completo das dificuldades enfrentadas exige a análise de diversas variáveis, frequentemente associadas, de origem orgânica, cognitiva, emocional, social e pedagógica. Daí a importância, argumenta ela, de expandir o foco da análise do sujeito "às suas relações, aos seus grupos de pertinência e às instituições básicas" (Weiss, 2009, p. 40).

Nesse contexto, antes de tudo, concordamos com Weiss na importância da pergunta: faltam, para o sujeito da aprendizagem, oportunidades concretas em âmbito social, escolar ou familiar? Para Gabriel, a resposta é triplamente positiva. Em casa, o mal desempenho escolar, visto como sinal de "malandragem", é punido com castigos. Foi, por exemplo, o caso da proibição de ir à festa junina para dançar a quadrilha que tanto ensaiou com os colegas de turma, numa das poucas atividades escolares a que se dedicava com prazer.

Na escola, com a classe lotada e sem professores auxiliares, faltava-lhe apoio. Diante disso, em vez de acompanhar a aula, passava boa parte do tempo em sala realizando, sem orientação, fichas com atividades para alfabetização — exercícios apresentados de forma aparentemente aleatória, sem considerar seu grau de conhecimento prévio ou dificuldades específicas. A variável socioeconômica também jogou contra o garoto, que até o segundo semestre de 2021 vivia numa cidade do interior de Pernambuco, sem acesso a aulas remotas nem a nenhuma outra forma de estudo.

Também para Clara o ambiente escolar e familiar pouco ajudara. Na sala de aula, mesmo com o diagnóstico clínico de TEA e de perda auditiva, não houve a adoção de estratégias de ensino diferenciadas, como, por exemplo, medidas de acessibilidade, adequação de conteúdo, tecnologias assistivas ou alternativas para contribuir com seu processo de aprendizagem.

Na família, ela vivenciou a depressão materna após o divórcio dos pais em 2020. Diante disso, é importante ressaltar que "um quadro depressivo materno favorece o afastamento da mãe com relação à rotina diária da família, quase sempre com a falta de suporte adequado à criança", como sinalizam Mian *et al.* (2009, p. 30). E com Clara não foi diferente. Sua mãe conta que, no processo doloroso pós-divórcio, a filha faltou a consultas e tratamentos clínicos — procedimentos importantes, já que, desde o nascimento, a criança é atendida por uma equipe multidisciplinar formada por especialistas nas áreas da pediatria, fonoaudiologia, psicologia, otorrinolaringologia e odontopediatria. O tratamento vem de longa data, com terapias semanais e duas cirurgias reparadoras da fissura palatina — a primeira delas realizada no primeiro ano de vida. Só em 2022, dois anos após o divórcio dos pais, após a melhora da mãe, Clara retomou, aos 7 anos de idade, o acompanhamento com os especialistas e tratamentos.

Em 2023, ela recebeu, com implante cirúrgico, um Aparelho de Amplificação Sonora Individual (AASI), que contribuiu para a melhora na sua compreensão e comunicação. No mesmo ano, após avaliação neuropsicopedagógica e neuropediátrica, ela recebeu o laudo com diagnóstico de TEA nível 1 — condição que pode trazer déficits na área da comunicação e dificuldades ou falta de interesse nas interações sociais, segundo o segundo o *Manual diagnóstico e estatístico de transtornos mentais* (APA, 2023). O quadro também pode incluir dificuldades associadas à falta de organização e planejamento, que dificulta a independência de quem tem o transtorno. Consequentemente, a condição exige suporte e estímulos para o desenvolvimento das habilidades vinculadas a interação, comunicação e organização.

Em comum, como se vê, Clara e Gabriel enfrentam obstáculos à aprendizagem, com as peculiaridades de cada caso. Mas, diferentemente do que achavam os professores de Gabriel, crianças como elas podem sim aprender a aprender. E essa jornada pode começar na clínica psicopedagógica, para onde as crianças com baixo desempenho na sala de aula são muitas vezes encaminhadas pelas próprias escolas.

Avaliação

A intervenção psicopedagógica é precedida por uma sequência diagnóstica composta por diferentes etapas: anamnese, sessões de avaliação, entrevistas com especialistas envolvidos no caso e com a escola, e, por fim, a sessão devolutiva. Como diz Bastos (2015, p. 25),

> [...] o processo de diagnóstico psicopedagógico tem o caráter de uma pesquisa, de uma investigação, que terá como consequência o levantamento de hipóteses diagnósticas capazes de delimitar melhor as dificuldades, suas origens e as perspectivas de intervenção. No processo diagnóstico levantamos hipóteses para compreender os processos subjetivos e objetivos que impedem o sujeito de aprender.

No caso de Gabriel, o processo incluiu um desenho (prova projetiva), um jogo e testes padronizados para avaliação de habilidades envolvidas na linguagem, como compreensão de sentenças faladas, consciência fonológica, habilidade de nomeação, leitura e escrita. Também avaliamos habilidades aritméticas. Em todos os testes propostos, os resultados ficaram bem abaixo do esperado para a faixa etária e nível de escolaridade.

Durante a partida de Lig 4, o jogo escolhido, também observamos em Gabriel outros aspectos que dificultam a aprendizagem, como impulsividade, dificuldades atencionais e a criação de estratégias.

No Par Educativo, técnica que se propõe a avaliar, com um desenho, vínculos de aprendizagem a partir das projeções da criança, Gabriel retratou a si mesmo ensinando um amigo a ler e escrever. No nosso entender, essa escolha pode ser um indício de sua vontade de aprender e do desejo de também poder ensinar. A ilustração, com apenas duas crianças, também nos chamou atenção pela falta de referência de ensinantes adultos.

Já no caso de Clara, a opção para o processo diagnóstico foi a complementação dos dados da avaliação neuropsicopedagógica realizada meses antes por outros profissionais, por solicitação da família. Para isso, foram escolhidos dois instrumentos: a Entrevista Operativa Centrada na Aprendizagem (Eoca) (Visca, 1987); e as Técnicas Projetivas Psicopedagógicas (Visca, 1995).

Como previsto pelo método, na sessão dedicada à Eoca, apresentamos à Clara vários materiais, como jogos, papéis, livros, canetas, massinha, lápis de cor, borracha, cortadores de papel etc. Com o material disponível à mão, ela foi orientada a mostrar o que sabia fazer, como desenhos, leitura, contas e outras coisas. Diante disso, ela demonstrou dificuldades na concentração e na interpretação da consigna. Entre tantas opções de materiais, interessou-se por um único objeto: um cortador de papel com formato de estrela. A ele dedicou todo o tempo destinado à atividade.

Mas por que, com tantas opções, um único objeto mereceu toda sua atenção? Para nós, isso pode ser entendido como uma esquiva à situação de aprendizagem, "picotada" por ela durante a sessão. Mas também não deixamos de considerar que o quadro de TEA se caracteriza também por interesses restritos — outro fator que pode ajudar a explicar o foco exclusivo no cortador.

Na segunda sessão, recorremos às Técnicas Projetivas Psicopedagógicas, um recurso que investiga o vínculo que o sujeito estabelece com a aprendizagem, em três domínios: familiar, consigo mesmo e escolar. O último deles fez parte da avaliação de Clara, com a prova denominada "Eu e Meus Companheiros". Recebida a proposta, ela recusou-se a desenhar os colegas de classe. Em vez disso, disse preferir representar a si mesma e o irmão mais velho, com quem costuma brincar em casa. A escolha deixa evidente a fragilidade no vínculo com a escola e seu sentimento de não pertencimento ao grupo formado pelas crianças de classe.

Intervenção

Na etapa seguinte, começamos a intervenção psicopedagógica, considerando as dificuldades, potencialidades e também o estado emocional e baixa estima causados pelos contextos difíceis que marcaram a vida das duas crianças. Assim como Weiss (2009), entendemos que parte fundamental desse processo está no resgate ou na criação do prazer de aprender. Também concordamos com Amaral (2001) quando diz que, se o sujeito está com um problema de aprendizagem, isso é um provável indício de que a forma de se vincular ao objeto de conhecimento não é "eficaz" — o que não permite que ele possa se apropriar positivamente do que construiu.

Isso faz com que tenha muitas frustrações no processo de aprendizagem, pois não há uma harmonia entre a solicitação e a resposta. Consequentemente, estabelece-se um círculo vicioso: "[...] como o sujeito tem uma forma de se vincular aos objetos de conhecimento que não é "*eficaz*", ele tem dificuldades para realizar as coisas e recebe de volta uma imagem negativa dele mesmo, o que só aumenta o descrédito em si próprio" (Amaral, 2001, p. 68).

Justamente para construir vínculos mais eficazes com o objeto do conhecimento, procuramos no atendimento das duas crianças integrar aspectos afetivos, cognitivos e pedagógicos. Nos encontros semanais de 50 minutos, buscamos locais que possibilitassem o acolhimento — para Gabriel, numa sala individual na escola; e para Clara, em uma sala de ambulatório, cedida pela instituição parceira do projeto Sementes do Amanhã, da ABPp SP, que a atendia para as terapias relacionadas à fissura palatina.

Nesses espaços, pouco a pouco, as crianças se sentiam à vontade para falar da família, dos professores, dos amigos, das angústias e diversões do dia a dia. Ali, podiam arriscar e errar — combinação fundamental para o aprender.

Outro ponto importante para favorecer as condições para aprendizagem foi a organização do espaço físico e dos materiais, previamente selecionados de acordo com os objetivos e propostas de cada atendimento. Com tudo preparado, as intervenções foram realizadas para alcançar o desenvolvimento de habilidades importantes para a aquisição da leitura e escrita, com grande foco na consciência fonológica. Também buscamos atividades que contribuíssem para o desenvolvimento da atenção, da memória, do raciocínio lógico e da capacidade de planejamento.

Dentre os instrumentos utilizados, mereceram destaque os jogos, escolhidos conforme o objetivo de cada sessão (veja alguns deles na tabela no fim do capítulo). Afinal, como dizem Macedo, Petty e Passos (2005), para jogar é preciso planejar, criar hipóteses, desenvolver estratégias, resolver problemas, desenvolver a imaginação, construir relações, tomar decisões e elaborar (mesmo que não de forma explícita) regras de convivência. Com mediações durante as atividades, o psicopedagogo pode também contribuir para que a criança desenvolva outras habilidades associadas à aprendizagem, como, por exemplo, capacidade de esperar, de ouvir e seguir instruções, sinalizar sentimentos e ideias, pensar de maneira crítica e trabalhar em equipe.

Para Clara, a utilização de jogos foi marcada pela exploração inicial, curiosidade e descobertas, com consequente ampliação de repertórios e construção de vínculos afetivos positivos com o processo de aprendizado. No Dominó de A ao Z, por exemplo, ela dedicava os primeiros minutos à exploração das peças. Divertia-se com as figuras apresentadas, nomeando cada uma delas e questionando quando não as reconhecia. Cada ação e reação foi observada e, somente depois de alguns minutos, a regra do jogo foi apresentada. As partidas exigiram desenvolvimento de hipóteses, raciocínio lógico, concentração, memória, argumentação e tomada de decisão.

Em outro momento, Clara teve a oportunidade de explorar o tabuleiro e peças do jogo Hora do Rush, em que os jogadores têm de tirar os carros do estacionamento com o menor número de movimentos possível. Novamente, no primeiro contato, ela se encantou com a variedade de carrinhos apresentados durante a exploração do material. Organizou-os por critérios próprios, de acordo com tamanhos e cores fortes e claras. Como anteriormente, as regras do jogo só foram apresentadas depois, a partir da segunda sessão, quando Clara começou a compreender as estratégias necessárias para realizar suas jogadas com sucesso. Cada rodada exigia habilidades como raciocínio lógico e resolução do problema proposto na carta-desafio. A percepção visual, o planejamento, a atenção e o controle de impulsos eram outras habilidades exigidas.

Na sequência do planejamento das propostas e intervenções, escolhemos o jogo Lig 4. O objetivo era incentivar o desenvolvimento do pensamento rápido e capacidade de antecipação das ações dos adversários, além da percepção visual e atenção. Mais uma vez, Clara teve a tranquila oportunidade de examinar as peças e montar toda a estrutura do tabuleiro. Na ocasião, ela teve o cuidado e interesse de contar a quantidade de peças azuis e vermelhas para certificar-se de que o jogo fosse justo para ambos os jogadores.

O Lig 4 também foi utilizado com Gabriel, que, desde as intervenções, iniciadas em agosto de 2023, jogou com bastante entusiasmo. Nas primeiras vezes, ele tendia a colocar as peças impulsivamente, sem prever as jogadas próprias ou da oponente. Aos poucos, começou a jogar de forma menos aleatória, com maior concentração e planejamento.

Em algumas ocasiões, ele teve a oportunidade de disputar as partidas com uma menina um ano mais velha, também atendida pelo projeto Sementes do Amanhã, na mesma escola, logo após sua sessão. Os encontros eram uma oportunidade para que Gabriel jogasse "de igual para igual" com outra criança. Nessas partidas, sua motivação e concentração tendia a ser maior do que quando tinha a psicopedagoga como oponente.

As duas crianças também jogavam Fecha a Caixa — atividade em que praticavam o cálculo mental. Gabriel aguardava com expectativa essas ocasiões. "Hoje vamos jogar com a Dora?", costumava perguntar, torcendo para ouvir um sim. Nas partidas, era comum que se ajudassem mutuamente nas contas, muitas vezes sem intervenção da psicopedagoga — sinal de quanto pode ser efetiva a troca de saberes entre pares. Na ocasião, era claro seu prazer não só em aprender, mas em ensinar. Era um momento em que podia deixar de ser o "garoto-problema" para se tornar o garoto solucionador de problemas.

Consciência fonológica

Durante as sessões, parte das atividades propostas a Gabriel também foram adaptadas para ganhar a forma de jogos de percurso. Numa delas, por exemplo, cada participante tinha de tirar três cartas com figuras e identificar o número de sílabas de cada uma. No próximo passo, o jogador escolhia uma das cartas para avançar a quantidade correspondente de sílabas no tabuleiro. Se, por exemplo, as cartas fossem de uma rã (uma sílaba), um gato (duas sílabas) e um cachorro (três sílabas), tendia a ser vantajoso escolher a palavra trissílaba. Por vezes, montávamos as palavras escolhidas com cartões coloridos — cada um deles representando uma sílaba.

Essa foi uma das muitas atividades realizadas para o desenvolvimento da consciência fonológica — habilidade que envolve a capacidade de identificação e manipulação dos sons da fala. Para Clara e Gabriel, era difícil compreender que as palavras escritas e faladas são formadas a partir de blocos sonoros. Isso afetava a eficácia da conversão grafema-fonema, necessária para leitura.

Com isso em mente, desenvolvemos propostas para que as crianças primeiro entendessem que as palavras são compostas por sons manipuláveis para que depois pudessem se dar conta da existência da relação grafofonêmica. Para Gabriel, por exemplo, apresentávamos palavras com cada sílaba representada com uma ficha de cor diferente. Cabia a ele dizer que outras palavras se formavam quando as fichas — ou seja, os blocos sonoros — mudavam de lugar. Dois exemplos:

▨X X (SA PA TO)	—	palavra inicial
▨X (SA PA)	—	nova palavra sem a última ficha
X X (PA TO)	—	nova palavra sem a primeira ficha
▨X (BO LO)	—	palavra inicial
X▨ (LO BO)	—	palavra formada com a inversão da ordem das fichas

Memória de trabalho

As sessões também tiveram foco no desenvolvimento da memória de trabalho, já que tanto Clara como Gabriel tinham dificuldades em armazenar, acessar e organizar informações para realização de tarefas na escola e no dia a dia. Com isso em mente, realizamos atividades como jogo da memória, repetição de sons ou de ordem de cores e recontação de histórias.

Nesse contexto, consideramos relevante ressaltar que, como argumentam autores como Baddeley (2000 *apud* Menezes *et al.*, 2002), é preciso acessar a memória e manter as informações relevantes para relacionar diferentes informações de um texto, realizar cálculos mentais, recordar sequências ou ordens de fatos, associar passado e presente, e considerar fatos e ideias a partir de diferentes perspectivas. Todas essas habilidades são necessárias não só para o bom desempenho acadêmico, mas também para diferentes formas de aprendizado ao longo da vida.

Percursos

No decorrer da intervenção, pudemos notar transformações nas crianças, tanto em relação a aspectos pedagógicos como a cognitivos e emocionais. No caso de Clara, as primeiras sessões, em setembro de 2023, foram marcadas pelo comportamento tímido, pouco participativo e quase sem iniciativa. Mas, com planejamento de estratégias, suporte, mediação e construção de vínculos afetivos, ela paulatinamente tornou-se mais engajada e colaborativa. As habilidades de comunicação também se desenvolveram. Atualmente, Clara realiza as atividades e os desafios propostos com alegria e autonomia tanto na escola como nas sessões, com vínculos cada vez mais positivos com o processo de aprendizagem.

No caso de Gabriel, no início era comum a relutância na realização das atividades propostas. "Minha mão está fraca para desenhar", alegava. "Isso eu não sei", afirmava, sem se arriscar na leitura ou escrita propostas. Também muitas vezes agia impulsivamente, sem tempo para reflexão.

Ao longo das sessões, Gabriel passou a se arriscar mais nas atividades propostas e realizá-las com maior segurança e comprometimento. As letras, antes escritas à pressa em preto, ganharam cores e capricho — sinal de maior engajamento com o processo de aprendizado.

Gabriel passou a demonstrar mais autonomia, a comemorar os acertos e reconhecer os novos saberes. "Isso é óbvio", disse uma vez depois da leitura — declaração que pareceria impossível nos primeiros atendimentos. "Meus amigos dizem que eu não sei escrever, mas sei sim", afirmou em outra ocasião. Neste estágio, já lia palavras formadas por vogais e com as consoantes até então introduzidas. Mesmo quando não acertava, já conseguia muitas vezes se concentrar para identificar os erros e realizar por si mesmo as correções necessárias.

Os avanços foram mais evidentes no contexto acolhedor da clínica psicopedagógica. Na classe, como pudemos observar assistindo a algumas aulas, ele frequentemente não demonstrava o que sabia. Ali, a dificuldade de concentração e os comportamentos impulsivos muitas vezes impediam pausas para reflexão. É mais uma evidência de que vínculo afetivo e aprendizado caminham juntos.

Nesse percurso, Clara e Gabriel puderam aprender com experiências de aprendizagem em que puderam confiar na sua capacidade pensante e reconhecer-se autores de sua produção.

A tabela a seguir traz alguns jogos e atividades utilizados na intervenção psicopedagógica de Clara, Gabriel e outras crianças.

Tabela 1 – Jogando e aprendendo

Jogando e aprendendo	
	Objetivo
Dominó de A ao Z	Muito utilizado na alfabetização, este dominó é um jogo educativo que ajuda a desenvolver importantes habilidades relacionadas ao raciocínio lógico através de observação, levantamento de hipóteses, análises, concentração, memória, tomada de decisão e argumentação, além de apresentar o alfabeto de maneira divertida e lúdica.
Loto leitura	O jogo tem como objetivo desenvolver a atenção e a aprendizagem da leitura e escrita. É composto por placas ilustradas com cinco desenhos cada uma, em que cada ilustração corresponde a uma palavra de quatro letras, totalizando em várias possibilidades de construção com as letras móveis que acompanham o conjunto. É possível realizar variação através de um bingo de letras.
Caça-palavras Palavras cruzadas	Atividades como as palavras cruzadas e o caça-palavras estimulam a memória e o desenvolvimento de habilidades relacionadas ao raciocínio lógico, além do estímulo cognitivo e do auxílio da compreensão e na aprendizagem do significado das palavras.

Alfabeto de sílabas	O jogo incentiva a identificação e a diferenciação entre letras e sílabas, além de possibilitar a formulação de palavras e frases. Também estimula agilidade motora, habilidades de leitura, ampliação de vocabulário, promove o desenvolvimento da linguagem verbal, classificação de vogais e consoantes e separação silábica.
Parlendas, músicas e trava-línguas	A escrita de pequenos textos memorizados utilizando palavras móveis favorece a organização, a leitura e a formação de um repertório de palavras, além de contribuir com a fluência leitora por meio da identificação de rimas entre as palavras lidas.
Fichas de leitura	As fichas de leitura (com pequenos e interessantes textos) incluem o desenvolvimento da habilidade de decodificação de palavras, compreensão textual, ampliação do vocabulário, além da formação do hábito de leitura.
Trilha das sílabas	O jogo da trilha das sílabas auxilia no desenvolvimento de habilidades de leitura como decodificação, fluência, ampliação de repertório, raciocínio, memória de trabalho e atenção, e na identificação de sílabas complexas, e memorização de diferentes formações silábicas.
Alinhavo	O desenvolvimento motor fino e grosso é importante para que as crianças se tornem preparadas para o controle de seus movimentos e de seu corpo, ampliando a sua autonomia e sua prontidão para o processo de aquisição da escrita e da leitura. A atividade de alinhavo contribui para o desenvolvimento da coordenação viso-motora (a habilidade de olhar para o que está se fazendo), trabalha movimentos leves com concentração através da percepção tátil, além de estimular a orientação espacial e a lateralidade

Massinha de modelar	As propostas de intervenções com massinhas estimulam a coordenação motora fina, a criatividade e a imaginação das crianças através de propostas lúdicas para criação de personagens, lugares ou objetos que façam parte do contexto pertinente aos atendimentos
Jogo da memória	O jogo da memória é um grande aliado nas intervenções psicopedagógicas, pois auxilia no treino da memória e atenção, além do desenvolvimento das habilidades de raciocínio lógico, reconhecimento de padrões, estratégia e concentração.
Dominó	O jogo desenvolve habilidades cognitivas importantes para o exercício da atenção e da concentração, além de estimular o processo de resolução de problemas, pensamento crítico e estratégico
Jogo Lig 4	O jogo desperta o desenvolvimento do pensamento rápido e lógico. Visa potencializar a capacidade de prever as ações dos adversários, pois o jogo exige a elaboração de estratégias e combinações, além de ocasionar a percepção visual e a atenção.
Tangram	O jogo de quebra-cabeça é composto por sete peças com formas geométricas em proporções distintas que formam figuras com variações e possibilidades, possibilitando o desenvolvimento habilidades vinculadas a criatividade, compreensão da geometria plana, percepção, representação e raciocínio lógico.
Hora do Rush	O jogo estimula o desenvolvimento da habilidade do raciocínio lógico e resolução de problemas, pois a cada jogada apresenta um problema, que exige resolução. Também exige habilidades como percepção visual, planejamento, atenção e controle de impulsos através da elaboração de boas estratégias.

Lince	O jogo estimula habilidades cognitivas importantes, como a coordenação olho-mão, percepção visual, concentração, localização espacial, raciocínio lógico e memória imediata.

Fonte: as autoras

Referências

AMARAL, A. L. S. N. Os quatro pilares do atendimento. **Revista Psicopedagogia**, São Paulo, v. 19, n. 54, p. 66-69, abr. 2001.

ASSOCIAÇÃO AMERICANA DE PSIQUIATRIA. **Manual diagnóstico e estatístico de transtornos mentais**: DSM-5-TR. Tradução de Daniel Vieira et al. Revisão técnica de José Alexandre de Souza Crippa *et al*. 5. ed. Texto revisado. Porto Alegre: Artmed, 2023.

BASTOS, A. B. B. I. **Psicopedagogia clínica e institucional**. São Paulo: Loyola, 2015.

MACEDO, L.; PETTY, A. L. S.; PASSOS, N. C. **Os jogos e o lúdico na aprendizagem escolar**. Porto Alegre: Artmed, 2005.

MENEZES, A. *et al*. Definições teóricas acerca das funções executivas e atenção. *In*: SEABRA, A. G.; DIAS, N. M. **Avaliação neuropsicológica cognitiva**. São Paulo: Memnon, 2002. v. 1, p. 34-41.

MIAN, L. *et al*. A depressão materna e o comportamento de crianças em idade escolar. **Psicologia**: Teoria e Pesquisa, USP, São Paulo, v. 25, n. 1, p. 29-37, jan. 2009.

SAMPAIO, S. **Dificuldade de aprendizagem**: a psicopedagogia na relação sujeito, família e escola. Rio de Janeiro: Wak Editora, 2017.

VISCA, J. **Clínica psicopedagógica**: epistemologia convergente. Porto Alegre: Artes Médicas, 1987.

VISCA, J. **Técnicas proyectivas psicopedagógicas**. 2. ed. Buenos Aires: Editora Visca & Visca, 1995.

WEISS, M. L. L. **Vencendo as dificuldades de aprendizagem escolar**. Rio de Janeiro: Wak Ed., 2009.

PROJETO SOCIAL: UMA AÇÃO HUMANITÁRIA

Mônica Mendes
Vanessa Cardoso Costa e Silva

Os projetos sociais direcionados a crianças, adolescentes e adultos com dificuldades de aprendizagem podem ser argumentados a partir de diversos aspectos, incluindo o desenvolvimento pessoal, a inclusão social, o fortalecimento das comunidades e a promoção de uma sociedade mais justa e equitativa.

De acordo com a apresentação inicial deste livro, o Projeto Social Sementes do Amanhã, da Associação Brasileira de Psicopedagogia Seção São Paulo (ABPp SP), é um trabalho voluntário, sem fins lucrativos. O projeto é constituído por psicopedagogas(os) que procuram aprimorar sua atuação profissional, as quais são pessoas voluntárias para prestar o atendimento psicopedagógico a crianças, adolescentes ou adultos; e, para acompanhá-los nessa atuação, outras psicopedagogas (com mais experiência) colaboram, também de forma voluntária, prestando supervisão àquelas(es) que estão realizando os atendimentos.

Esta proposta vai ao encontro da proposta psicopedagógica referendada no Código de Ética do Psicopedagogo, já explicitado em seu Capítulo I:

> A Psicopedagogia é um campo de conhecimento e ação interdisciplinar em Educação e Saúde com diferentes sujeitos e sistemas, quer sejam pessoas, grupos, instituições e comunidades. Ocupa-se do processo de aprendizagem considerando os sujeitos e sistemas, família, a escola, a sociedade e o contexto social, histórico e cultural. Utiliza instrumentos e procedimentos próprios fundamentados em referenciais teóricos distintos, que convergem para o entendimento dos sujeitos e sistemas que aprendem e sua forma de aprender (Associação Brasileira de Psicopedagogia, 2019, p. 1).

O Projeto Social pode fornecer ferramentas e estratégias de aprendizagem alternativas que atendem às necessidades específicas de cada sujeito, ajudando-os a desenvolver suas habilidades e a aumentar a autoconfiança. Podem oferecer abordagens de aprendizagem personalizadas que atendem às necessidades individuais, permitindo que cada pessoa aprenda ao seu próprio ritmo e de maneira que faça sentido para ela. Isso pode levar a melhorias significativas no desempenho e na compreensão.

Os projetos sociais promovem a inclusão social e a quebra de barreiras para indivíduos com dificuldades de aprendizagem de várias maneiras:

De que lugar falo?

Como supervisora de algumas voluntárias, pude acompanhar alguns casos com evolução bastante exitosa, outras nem tanto! A possibilidade de o resultado ser mais ou menos exitoso deve-se a vários fatores, tais como:

O contexto em que o atendimento ocorre é adequado? Isto é, é protegido de distratores? O que a instituição oferece para que o atendimento ocorra?

O interesse do sujeito que está sendo atendido — ele mostra-se motivado? Com que intensidade precisa ser estimulado durante o atendimento?

O comprometimento da família ou da instituição que acolhe o sujeito — o que se consegue observar nesse sentido?

Ao argumentar a favor de projetos sociais para crianças, adolescentes e adultos com dificuldades de aprendizagem, é importante enfatizar a necessidade de uma abordagem ampla que considere o bem-estar emocional, social e acadêmico dos indivíduos, além de sua integração e contribuição para a sociedade.

Os projetos sociais utilizam abordagens de ensino personalizadas que se adaptam ao estilo de aprendizagem e ao ritmo de cada sujeito, o que pode ajudar a superar as barreiras que eles enfrentam em ambientes de aprendizagem tradicionais. Para isso, utilizamos jogos como elemento que irá estimular habilidades e conceitos de maneira divertida e envolvente, o que pode aumentar a motivação e a retenção de informações.

Além das habilidades acadêmicas, esses projetos podem focar o desenvolvimento de habilidades sociais, emocionais e práticas, preparando os indivíduos para a vida além da sala de aula e talvez para o mercado de trabalho. Estimulam a autoria e a autonomia dos indivíduos, permitindo que eles tomem consciência de sua própria modalidade de aprendizagem, conforme vemos em Fernández.

Promovem a colaboração entre educadores, profissionais de saúde, assistentes sociais e outros especialistas para fornecer um suporte abrangente e integrado. Utilizam diferentes métodos de avaliação, como projetos, portfólios ou apresentações, em vez de apenas provas escritas, para medir a compreensão e o progresso dos alunos de maneiras que reflitam suas habilidades e estilos de aprendizagem.

Outro aspecto importante é levar em conta as famílias, orientando-as sobre como lidar com as dificuldades de aprendizagem de seus filhos e proporcionando um espaço de troca de experiências. O sucesso em um projeto social pode aumentar a autoestima dos sujeitos atendidos, tornando-os mais confiantes em suas capacidades e mais motivados a aprender.

Possíveis resultados de um projeto social

Com o apoio adequado, esses sujeitos podem superar suas dificuldades e obter melhor **desempenho escolar**. Além disso, consegue-se propiciar o desenvolvimento de habilidades como a leitura, a escrita, a compreensão leitora, a matemática e o raciocínio lógico.

Ao oferecer um ambiente de aprendizado mais acolhedor e personalizado, as crianças aprendem a lidar com desafios e a buscar soluções de forma independente, estimulando, assim, sua autonomia. Entretanto, é necessário nos atentarmos aos recursos pedagógicos que podem e devem ser estimulados, pois desta forma conseguimos:

- **Diversificar o aprendizado** ao permitir que os conteúdos sejam apresentados de diferentes formas, atendendo a diversos estilos de aprendizagem;

- **Aumentar o interesse** ao tornar os atendimentos mais dinâmicos e atraentes, motivando os alunos a participarem ativamente;

- **Facilitação da compreensão** ao auxiliar a visualização de conceitos abstratos e na resolução de problemas por meio de materiais concretos;

- **Personalização do ensino**, já que podemos adaptar os materiais para atender às necessidades individuais de cada sujeito.

Tipos de recursos pedagógicos utilizados nos atendimentos

- **Materiais impressos**: livros didáticos, revistas, jornais, mapas, cartazes, jogos de tabuleiro etc.;

- **Materiais manipuláveis**: blocos lógicos, massa de modelar, argila, blocos de construção, objetos de sucata etc. Estes são materiais que possibilitam a concretização de alguns conceitos mais abstratos para as crianças, os adolescentes e até mesmo os adultos com dificuldades de aprendizagem;

- **Jogos educativos**: atividades lúdicas que desenvolvem habilidades como a leitura, a escrita e o raciocínio lógico;

- **Tecnologias digitais**: computadores, tablets, smartphones, softwares educativos, plataformas on-line, vídeos, apresentações etc.;

- **Espaços físicos**: sala de aula, biblioteca, laboratório, pátio etc. Entretanto, é necessário que o atendimento ocorra em ambiente adequado, isto é, sala acolhedora, silenciosa, sem distratores visuais e auditivos, favorecendo o foco atencional para a atividade que está sendo proposta;

- **Audiolivros**: livros narrados que podem ser ouvidos pelos alunos, facilitando a compreensão e o desenvolvimento da fluência leitora;

- **Mapas mentais**: ferramentas visuais que ajudam a organizar informações e a estabelecer conexões entre diferentes conceitos.

Como escolher os recursos pedagógicos adequados?

- **Identificar as necessidades dos sujeitos em atendimento**; para isso, é fundamental conhecer as dificuldades de cada sujeito para escolher os recursos mais adequados. Para tal, é imprescindível uma boa anamnese e um processo avaliativo cuidadoso, em que a escolha dos instrumentos de avaliação ajudarão, num passo seguinte a planejar uma boa intervenção;

- **Considerar os objetivos do atendimento** cuidando para que os recursos estejam alinhados com o processo de intervenção, pois utilizar diferentes recursos evita a monotonia e mantém os sujeitos motivados;

- **Avaliar a eficácia dos recursos**; é importante verificar se estão sendo eficazes e realizar ajustes, se necessário;

- O Ministério da Educação (MEC) disponibiliza **recursos pedagógicos adaptados** por meio de um guia com diversos recursos pedagógicos adaptados para alunos com diferentes necessidades.

A importância da formação continuada dos psicopedagogos para o uso eficaz de recursos psicopedagógicos em projetos sociais

A formação continuada de profissionais desempenha um papel fundamental na garantia da qualidade e eficácia dos atendimentos realizados nos projetos sociais, especialmente quando se trata do uso de recursos pedagógicos personalizados às necessidades do aprendiz. A ABPp Seção São Paulo promove, durante o ano, grupos de estudos que objetivam a ampliação e o aprofundamento de conhecimentos. Ao investir na capacitação dos profissionais, é possível o que segue.

Atualização e adaptação às novas demandas

A formação continuada permite que os psicopedagogos conheçam **novos instrumentos** de avaliação, de intervenção e até mesmo tecnologias, adaptando suas propostas às demandas dos sujeitos em atendimento, o que é essencial, já que projetos sociais atendem a **públicos diversos**, com diferentes realidades e desafios. A formação capacita os profissionais a identificar e atender às necessidades específicas de cada aluno, utilizando os recursos pedagógicos de forma mais personalizada. Além disso, ao **dominar diferentes recursos pedagógicos**, os psicopedagogos podem elaborar aulas mais dinâmicas, favorecendo a aprendizagem significativa.

A formação incentiva a utilização de metodologias ativas, como projetos, jogos e resolução de problemas, que promovem o desenvolvimento de funções cognitivas como o pensamento crítico e a colaboração. Além disso, a formação capacita os profissionais a **adaptar** os recursos pedagógicos para atender às necessidades de alunos com diferentes habilidades e dificuldades de aprendizagem, promovendo a inclusão. Ao conhecer as teorias e práticas da educação inclusiva, os psicopedagogos podem criar ambientes de aprendizagem mais acolhedores e equitativos para todos os sujeitos.

Em resumo, a formação continuada de psicopedagogos é um investimento fundamental para garantir a qualidade e a eficácia do Projeto Social da Associação Brasileira de Psicopedagogia Seção São Paulo. Ao capacitar os profissionais, é possível promover uma educação mais justa, inclusiva e transformadora, contribuindo para o desenvolvimento integral de crianças, adolescentes, adultos.

Relato de caso

Importância do vínculo de confiança no atendimento psicopedagógico

A ABPp-Seção SP faz parcerias com algumas instituições, e uma delas é o Serviço de Acolhimento Institucional para Crianças e Adolescentes (Saica) Lar da Benção Divina, onde uma menina foi atendida por uma psicopedagoga voluntária. Segue relato:

Ao acolher Letícia no atendimento psicopedagógico, o primeiro passo foi criar um vínculo de confiança para ajudá-la a reconstruir sua autoconfiança, possibilitando a retomada do prazer em estudar. Para Alicia Fernández:

> A intervenção do psicopedagogo, no primeiro momento da relação com o paciente, supõe escutar-olhar e nada mais. Escutar não é sinônimo de ficar em silêncio, como olhar não é ter olhos abertos. Escutar, receber, aceitar, abrir-se, permitir, impregnar-se. Olhar, seguir, procurar, incluir-se, interessar-se, acompanhar. O escutar e o olhar do terapeuta vão permitir ao paciente falar e ser reconhecido, e ao terapeuta compreender a mensagem (Fernandez, 2014, p. 131).

Escutar não significa apenas ouvir em silêncio, mas demonstrar uma atitude receptiva, aberta e acolhedora. Quando o terapeuta escuta de forma genuína, cria um espaço onde o paciente se sente seguro para expressar suas emoções, seus pensamentos e dificuldades. Essa escuta permite ao paciente sentir-se aceito e respeitado, um elemento essencial para estabelecer confiança.

O primeiro instrumento utilizado para fortalecer o vínculo foi a Entrevista Operativa Centrada na Aprendizagem (Eoca).

A Eoca é uma metodologia que busca compreender como o sujeito aprende, enfatizando o processo e não apenas o resultado. Jorge Visca desenvolveu esse método para integrar aspectos cognitivos, emocionais e relacionais no diagnóstico psicopedagógico, analisando a interação entre o sujeito, o objeto de conhecimento e o contexto em que a aprendizagem ocorre.

Letícia entrou em contato com os materiais, demonstrando curiosidade. Tocava os objetos um por um, pedindo autorização. Em seguida, espalhou todos os materiais sobre a mesa e perguntou: "Eu não sei usar, o que é para fazer?"

Foi possível observar sua familiaridade com alguns materiais, enquanto outros eram desconhecidos. Foi necessário realizar mais de uma sessão utilizando a Eoca.

Durante essa atividade, foi possível avaliar seu nível cognitivo, sua rejeição à leitura e à escrita, a baixa autoestima e o vínculo com a aprendizagem, além de como se organizava e planejava. Letícia não apresentou planejamento ao utilizar os materiais.

Ainda na primeira sessão, ficou claro seu desinteresse em relação à escola. Para suavizar a resistência observada ao explorar os itens — que Letícia associava às atividades escolares —, foram sugeridas atividades mais lúdicas, como confecção de desenhos e modelagem com massinha. Essa abordagem serviu como introdução ao brincar simbólico e revelou limitações emocionais e cognitivas que dificultavam sua relação com o aprendizado.

Provas operatórias

O instrumento de avaliação Provas Operatórias é baseado na teoria do desenvolvimento cognitivo de Jean Piaget e tem como objetivo investigar os estágios operatórios da inteligência. Ele avalia o nível de pensamento lógico e as operações mentais de crianças e adolescentes, analisando como esses indivíduos constroem e manipulam conceitos, relações e regras cognitivas.

Prova de conservação de massa

O teste de Conservação de Massa verifica a capacidade da criança de compreender que a quantidade de massa ou volume permanece a mesma, mesmo quando a forma ou o recipiente muda.

Baseando-se na observação inicial de Letícia, foram aplicados alguns testes das Provas Operatórias. No teste específico de conservação de massa, Letícia apresentou dificuldade em entender as diferenças entre tamanho e volume.

Quando perguntei "Temos a mesma quantidade na massinha vermelha e na massinha azul?", Letícia analisou as formas e respondeu que a bola de massinha vermelha era maior que a cobrinha azul. Essa resposta indicou que Letícia ainda se encontra no nível 1 (não conserva), ou seja, em cada transformação, uma das quantidades foi julgada como maior que a outra.

Esse resultado aponta para uma fase de desenvolvimento cognitivo em que a percepção é influenciada diretamente pelo aspecto visual das formas, sem compreender ainda a invariância da quantidade. Esse dado reforça a necessidade de atividades complementares que estimulem a reflexão lógica e o entendimento conceitual, contribuindo para a progressão no desenvolvimento cognitivo de Letícia.

Prova de seriação

A Prova de Seriação tem como objetivo avaliar a habilidade de ordenar objetos com base em critérios como tamanho ou comprimento.

Para esta avaliação, foram oferecidos a Letícia dez bastonetes em desordem. Inicialmente, ela teve a oportunidade de explorar o material livremente. Em seguida, foi solicitado que organizasse os bastonetes em uma "escadinha", ordenando-os do menor para o maior.

Letícia demonstrou dificuldades em organizar os objetos de forma crescente ou decrescente, revelando que se encontra no nível 2 (intermediário). Nesse nível, a criança utiliza uma estratégia de ensaio e erro, comparando cada bastonete com os demais até encontrar o que se encaixa na sequência.

Para auxiliar Letícia na compreensão do conceito de seriação, já em uma fase interventiva, foi necessário realizar uma atividade concreta.

Utilizamos o movimento de subir e descer uma escada como uma metáfora visual e tátil para ilustrar a ideia de ordem crescente.

Além disso, atividades práticas com objetos concretos foram realizadas. Ficamos lado a lado para comparar alturas, ajudando Letícia a associar o conceito de seriação ao tamanho das pessoas como referência. Esse processo favoreceu sua compreensão de como os objetos podem ser ordenados sequencialmente.

As atividades relacionadas às funções executivas

As atividades que envolvem as Funções Executivas — controle inibitório, flexibilidade cognitiva e memória de trabalho — são fundamentais para o desenvolvimento cognitivo e social de uma criança. Deficiências nessas áreas muitas vezes indicam lacunas em experiências essenciais na primeira infância, como a prática de brincadeiras que promovem a tentativa e erro. Essas brincadeiras, que muitas vezes são negligenciadas devido a contextos familiares instáveis ou falta de suporte, desempenham um papel fundamental na construção dessas funções, que são essenciais para a aprendizagem e adaptação ao ambiente escolar.

Ao observar Letícia, ficou evidente que ela apresentava dificuldades significativas em áreas relacionadas às Funções Executivas. O medo de errar, frequentemente observado em crianças que não tiveram a oportunidade de participar de atividades lúdicas adequadas, prejudicava seu ritmo de aprendizagem e sua capacidade de explorar novas situações. Além disso, a memória de trabalho mostrou-se limitada, o que se refletiu na dificuldade de Letícia em manter informações por tempo suficiente para realizar tarefas mais complexas. Sua dificuldade em seguir regras, especialmente em contextos escolares, pode ser vista como um reflexo de uma falta de prática com brincadeiras estruturadas durante a primeira infância.

Partindo desse pressuposto, foram oferecidas a Letícia atividades lúdicas, que buscavam resgatar as brincadeiras típicas dessa fase da vida, fundamentais para o desenvolvimento das funções executivas. O uso de brincadeiras simbólicas e de jogos que envolvem tentativa e erro foi proposto como uma estratégia para estimular a flexibilidade cognitiva e o controle inibitório, além de melhorar sua memória de trabalho.

O conceito de interação do meio e a formação da criança, conforme discutido por Henri Wallon, revela como as experiências iniciais da vida de Letícia moldaram sua forma de ver o mundo e suas reações emocionais. Ele afirma que:

> Os meios onde a criança vive e os que ambiciona são o molde que dá cunho a sua pessoa. Não se trata de um cunho passivamente suportado. O meio de que depende começa certamente por dirigir suas condutas, e o hábito precede a escolha, mas a escolha pode impor-se, quer para resolver discordâncias, quer por comparação de seus próprios meios com outros (Wallon, 1975, p. 167 *apud* Almeida; Manoney, 2012).

Este texto reflete a perspectiva interacionista sobre o desenvolvimento infantil, destacando o papel central do ambiente e das interações nas quais a criança está inserida. No caso de Letícia, seu ambiente, marcado por instabilidade familiar, perdas significativas, mudança de responsáveis e acolhimento institucional, impactou diretamente sua percepção de si mesma e suas interações sociais. Isso afetou também sua percepção do ambiente escolar, que ela vê com resistência e desconfiança.

Apesar de Letícia viver em um ambiente difícil, ela não é apenas passiva nesse contexto. Sua resistência ao ambiente escolar pode ser vista como uma reação a essas dificuldades.

A procrastinação e os bloqueios na aprendizagem podem indicar formas de lidar com sentimentos de baixa autoestima e ansiedade em relação às exigências da escola.

O histórico de Letícia, que inclui a perda da mãe, a falta de estabilidade familiar e as dificuldades de adaptação, criou padrões de desconfiança e insegurança. Esses hábitos, formados ao longo do tempo, dificultam escolhas mais conscientes, como se envolver na escola.

No entanto, como Wallon aponta, a criança tem a capacidade de fazer escolhas e moldar seu caminho, especialmente quando as condições favorecem seu desenvolvimento. No caso de Letícia, a intervenção psicopedagógica e o apoio emocional podem ajudar a resolver seus conflitos internos, criando espaço para escolhas mais positivas.

Com base na dificuldade de Letícia em criar vínculos positivos com o ambiente escolar, as intervenções psicopedagógicas foram planejadas para proporcionar experiências positivas, visando trabalhar sua autonomia e o prazer pela aprendizagem.

O caminho para a autonomia

Atividades que despertam o interesse e proporcionam autonomia: nas sessões, Letícia era apresentada às atividades e tinha a liberdade de escolher qual gostaria de realizar primeiro. Essa abordagem buscou permitir que ela percebesse sua capacidade de tomar decisões, o que contribui para o desenvolvimento de sua autonomia.

Valorização de habilidades e conquistas: durante todo o processo de intervenção, as habilidades e conquistas de Letícia foram constantemente valorizadas. Reconhecer seu progresso em pequenas vitórias foi fundamental para fortalecer sua autoestima e reduzir a insegurança e resistência ao ambiente escolar. Por exemplo, quando Letícia fazia desenhos, ela costumava achar que estavam feios. Conversávamos sobre isso, colávamos os desenhos na parede e observávamos os detalhes, as cores e os traços, sempre destacando o esforço e a evolução dela.

Desafios progressivos e estímulo ao progresso: Letícia foi apresentada a desafios progressivos, que proporcionaram pequenas vitórias a cada superação. Em cada sessão, estabelecíamos um combinado, e Letícia escolhia um livro para fazermos uma leitura guiada. Com o tempo, Letícia foi se tornando cada vez mais autônoma e confiante na leitura, demonstrando alegria ao se envolver com as histórias e explorar novas palavras.

Reconhecimento das emoções: realizávamos atividades lúdicas, como expressões faciais e brincadeiras de mímica, nas quais Letícia praticava o reconhecimento das emoções e os contextos em que surgem. Essas atividades ajudaram a aprimorar o autoconhecimento emocional de Letícia e sua capacidade de expressar melhor suas próprias emoções.

Identificação das causas da resistência ao ambiente escolar: com a autorização dos cuidadores da instituição, decidimos realizar uma atividade ao ar livre, levando Letícia a um parque, com o intuito de promover uma experiência de aprendizagem prazerosa e conectada com o mundo ao seu redor. Durante o passeio, fizemos atividades de observação e escrita, destacando para Letícia as diversas formas de aprender fora da sala de aula. Leitura de placas informativas espalhadas pelo parque, contagem dos peixes do lago e observação de animais foram algumas das ações que realizamos. O objetivo era mostrar a Letícia que o aprendizado vai além da sala de aula e que o mundo ao seu redor oferece inúmeras oportunidades para explorar e aprender, reforçando a importância de um ambiente "letrado", onde a leitura e a observação fazem parte do cotidiano.

Essas ações foram desenvolvidas para melhorar o desempenho escolar de Letícia, promover seu desenvolvimento emocional e cognitivo, e ajudá-la a superar as dificuldades que enfrentava. O foco foi fazer com que Letícia se sentisse mais segura, reconhecendo seu papel ativo no processo de aprendizagem e no ambiente escolar.

Ao oferecer oportunidades de aprendizado e desenvolvimento, os projetos sociais ajudam a incluir crianças, adolescentes e adultos com dificuldades de aprendizagem na sociedade, combatendo a discriminação e a exclusão.

Referências

ALMEIDA, L. R.; MAHONEY, A. A. (org.). **Henri Wallon**: uma concepção dialética do desenvolvimento infantil. Petrópolis: Vozes; Loyola, 2012.

COSTA, A.; CASTRO, M. J. W. M. Projeto social em psicopedagogia: uma vivência de responsabilidade social. *In*: BARONE, L. C. B. *et al.* (org.). **Psicopedagogia**: do ontem ao amanhã. Avanços e perspectiva. Rio de Janeiro: Wak Editora, 2020. p. 333-353.

FERNÁNDEZ, A. **A inteligência aprisionada**. Porto Alegre: Editora Artmed, 1991.

LA TAILLE, Y.; OLIVEIRA, M. K.; DANTAS, H. **Piaget, Vygotsky, Wallon**: teorias psicogenéticas em discussão. São Paulo: Summus, 1992.

O DESAFIO DE NÃO TRABALHARMOS SOZINHOS: A IMPORTÂNCIA DA INTERFACE DO ATENDIMENTO PSICOPEDAGÓGICO COM OUTROS ESPECIALISTAS

Rebeca Lescher Nogueira de Oliveira
Paula Roberta Martins Fernandes de Castro Santos

> *Podemos considerar o problema de aprendizagem como um sintoma, no sentido de que o não-aprender não configura um quadro permanente, mas ingressa em uma constelação peculiar de comportamentos, nos quais se destaca como sinal de descompensação.*
>
> *(Paín, 1985, p. 27-28)*

Introdução

O objeto de estudo da Psicopedagogia é compreender a aprendizagem humana em seus vários aspectos e processos. O ser humano é uma unidade indissociável, formada pela inteligência, pela afetividade, pela motricidade; e seu desenvolvimento se processa através das influências mútuas destes três aspectos: cognitivo, motor e emocional.

Assim, a Psicopedagogia se torna uma área de atuação que necessita integrar vários conhecimentos, de diferentes ciências humanas, para adquirir uma ampla compreensão do aprender humano.

A integração com outros profissionais possibilita ao psicopedagogo conhecer novas áreas de atuação e integrar visões, contribuindo com os nossos conhecimentos.

O sujeito com dificuldade de aprendizagem, em geral, apresenta um quadro de comprometimento que extrapola o campo de atuação específico de um único profissional, pois pode envolver dificuldades cognitivas, afetivas, sociais, entre outras. Dessa forma, podemos destacar que é necessário, no trabalho psicopedagógico, a articulação com os diferentes profissionais no sentido de colaborar para a ampliação e compreensão da hipótese diagnóstica psicopedagógica.

> Este diagnóstico é sempre uma hipótese, e a cada momento da relação com o sujeito através, tanto do processo diagnóstico como do tratamento, nos permitirá ajustá-la desde que as transformações obtidas a partir dessa hipótese sejam aplicáveis por ela mesma (Paín, 1985, p. 28).

Nesse sentido, há a necessidade de uma articulação das diferentes áreas (multidisciplinaridade e o conhecimento de cada uma delas) para compor e colaborar para a ampliação da hipótese diagnóstica. Muitas vezes, a ação conjunta — psicopedagogo e outros profissionais — é fundamental para ajudar o sujeito que não aprende.

Essa ação conjunta se articula com maior facilidade em situações em que há remuneração dos especialistas em questão. Mas e quando o nosso sujeito atendido em nosso projeto social Sementes do Amanhã necessita, por exemplo, de uma avaliação fonoaudiológica, psicológica e neuropsicológica? Neste sentido, a coordenação e os profissionais voluntários do projeto investem na busca de parcerias com organizações da sociedade civil ou profissionais que aceitem realizar o atendimento social para criarmos uma rede de apoio solidária. Raramente, os encaminhamentos são rápidos e, infelizmente, a maioria não consegue ou espera por um longo período até encontrar o serviço necessário para a complementação do atendimento.

Na avaliação diagnóstica, tanto num contexto clínico convencional como no nosso projeto social, o psicopedagogo reflete junto ao seu supervisor "Por que o sujeito não aprende? O que está acontecendo?", e, diante das primeiras informações obtidas na queixa e na anamnese, decidem juntos a quais instrumentos deverão recorrer e, também, quais profissionais irão complementar a avaliação.

> O supervisor é um parceiro com quem podemos dividir nossas dúvidas e, até mesmo nossas inseguranças, com a sensibilidade necessária para ampliar o processo de aprendizagem daquele que se submete a este trabalho (Mendes, 2019, p. 3).

Uma das prioridades do papel do supervisor é o olhar e a escuta ativa para que possa ser desenvolvido um raciocínio clínico. O desafio do supervisor é transformar o observado em um exercício de perguntas, e não de respostas, para que estimule e possibilite ao supervisionando a construção, o desenvolvimento de um pensamento crítico, reflexivo, original e autônomo. Nesse diálogo se constrói a práxis psicopedagógica. E, desta forma, o supervisor e o supervisionando acabam alternando o papel de aprendiz, refinando seus saberes, ampliando seus olhares, criando possibilidades de atuação e criação.

No caso que apresentaremos a seguir, as parcerias necessárias para os atendimentos foram efetivas e exitosas, graças ao esforço de toda a equipe do projeto, o que nos motivou a compartilhar a trajetória e os resultados obtidos.

Estudo de caso: Caio, Projeto Social 2022-2024

Neste relato de caso, utilizaremos um nome fictício para nos referirmos ao paciente no sentido de preservar sua identidade.

Caio chegou ao consultório para uma avaliação psicopedagógica em agosto de 2022, a pedido da escola, parceira do Projeto Social ABPp Seção SP Vai à Comunidade (antigo nome, que desde 2024 mudou para Projeto Social Sementes do Amanhã) desde 2019, com a queixa de que *não alfabetizou no tempo esperado; apresentava dificuldades de memorização de informações simples; não conseguia realizar a maior parte das atividades propostas escritas, porém conseguia fazer algumas cópias da lousa; e apresentava muitas trocas na linguagem oral, com fala bastante infantilizada.*

Na primeira visita à escola, em agosto desse mesmo ano, a professora e a diretora relataram à psicopedagoga, voluntária do projeto, a sua preocupação diante das dificuldades desse aluno. Caio frequentava essa escola desde a Educação Infantil e já apresentava trocas na fala e dificuldades com a alfabetização desde os 6 anos de idade. A escola também comentou que os pais exigiam que Caio tivesse um melhor desempenho escolar sem entender suas dificuldades, muitas vezes confundida com preguiça e desatenção. Ainda segundo o relato da professora, Caio, apesar de perceber suas dificuldades, gostava muito de aprender e se esforçava bastante na escola. Ele tinha boa autoestima e era uma criança muito criativa, embora um pouco tímida.

Síntese: anamnese

A família era constituída por Caio, o filho mais velho, que estava com 9 anos e 5 meses no início da avaliação; sua irmã, na época com 6 anos; e os pais, que tinham se separado recentemente. Os pais, ainda em processo de divórcio, partilhavam os cuidados das duas crianças e contavam com a ajuda dos avós maternos e paternos. Caio se relacionava bem com toda a família.

Na entrevista os pais relataram que a gestação ocorreu sem nenhuma intercorrência. Caio nasceu com 2,9 kg e sofreu quebra da clavícula durante o parto. Foi amamentado até 1 ano de idade. Andou com 1 ano e 6 meses. Começou a falar com um pouco mais de 2 anos e sempre apresentou trocas na fala. Frequentou atendimento fonoaudiológico durante dois anos antes do início desta avaliação, mas precisou interrompê-lo. Segundo os pais, a fonoaudióloga sugeriu para a família que a criança seria disléxica. Questionados sobre essa hipótese, a mãe comentou que o filho também era muito esquecido.

O pai estudou até o Ensino Médio, teve muita dificuldade na escola, principalmente em Matemática, e parou os estudos para jogar futebol. A mãe cursou até a metade da faculdade de Fisioterapia, mas atua como vendedora. Ela comentou que foi uma criança muito preguiçosa, suas notas eram apenas médias e que tinha muita dificuldade para se concentrar. Frequentou o *Kumon* para ajudar em suas dificuldades. Quanto aos avós, eram pessoas muito simples, sem escolaridade.

Entre os dados obtidos durante a anamnese, um fator marcante para o paciente foi a separação dos pais durante a pandemia da doença do coronavírus (Covid-19), em que Caio relatava que não aceitava a separação e não gostava de ver o sofrimento da mãe.

Durante todo o período escolar até o momento da avaliação, Caio esteve envolvido com diferentes atividades (treino de futebol, escola, fonoaudióloga) e convivia com os pais e avós em casas diferentes. A família se envolvia muito pouco nos processos de sua aprendizagem, mesmo antes, o que continuava depois da separação — momento conturbado para o paciente, porque convivia com as brigas dos pais, além de ficar bastante tempo na casa dos avós paternos, que, por não serem alfabetizados, pouco podiam contribuir com as suas demandas escolares.

Hipótese diagnóstica: um problema de aprendizagem com interferência emocional no processo da alfabetização (separação dos pais e pandemia) e um transtorno de aprendizagem com sugestão para Dislexia e Déficit de Atenção.

As sessões de avaliação aconteceram semanalmente, com supervisões quinzenais durante todo o processo avaliativo.

Para a investigação das **habilidades cognitivas**, foram aplicadas as Provas Operatórias, que dão informações importantes sobre o processo de aquisição de aprendizagem, que permitem investigar se o sujeito atingiu um estágio cognitivo no qual é capaz de realizar operações mentais, indicando em qual dos estágios — definidos por Piaget — o sujeito avaliado se encontra. É possível determinar o grau de aquisição de algumas noções-chave do desenvolvimento cognitivo, detectando o nível da estrutura cognitiva em que a criança opera. As operações mentais são habilidades do raciocínio, do mecanismo cognitivo que utilizamos para solucionar problemas (simples ou complexos), em suas mais diferentes formas, sejam elas verbais, numéricas, espaciais, abstratas ou mecânicas.

Durante a realização das Provas Operatórias de Piaget (Visca, 2008), Caio apresentou argumentos de identidade e reversibilidade para as provas de Conservação de Pequenos Conjuntos Discretos de Elementos, de Massa, de Comprimento e Superfície. Não apresentou argumentos de compensação e demonstrou dificuldades para argumentação, ora conservava, ora não conservava. Conseguiu realizar com êxito a Prova de Seriação de Palitos. Caio encontrava-se no nível Pré-Operatório intuitivo articulado, Nível 2, período de transição para o Primeiro Subestágio Operatório concreto.

Para a avaliação dos **aspectos subjetivos**, foram utilizados desenhos (testes projetivos) que nos permitem ter uma compreensão mais ampla e coerente do perfil do sujeito analisado, pois oferecem dados importantes sobre sua relação vincular com a aprendizagem.

Dentre os desenhos solicitados, é importante destacar o Par Educativo (Visca, 2011, p. 37), em que observamos a relação de aprendizagem entre duas pessoas: uma que ensina e outra que aprende. Caio demonstrou vínculos positivos com a escola, com a família e consigo mesmo. Dedicou-se bastante aos seus desenhos, foi capaz de desenhar, comentar e demonstrou muito prazer ao realizar essas atividades.

Durante toda a avaliação psicopedagógica, Caio manteve a atenção concentrada e sustentada até certo ponto, quando demonstrava cansaço, durante as atividades solicitadas e desenvolvidas no consultório, fossem estas lúdicas ou não. Sua maior dificuldade foi percebida ao executar tarefas com rastreio visual de estímulos-alvo variados, com outros estímulos concorrentes.

Caio apresentou bastante dificuldade quanto à operacionalização da memória de curto prazo, bem como resgate da memória de longo prazo. Também demonstrou dificuldade para desenvolver atividades com comandos mais complexos. Foi capaz de solicitar ajuda e/ou pedir para repetir os comandos. Além do rastreamento visual, Caio também demonstrou dificuldade quando precisou executar provas que demandavam habilidades perceptivas, velocidade de processamento, memória (Seabra; Mecca, 2019) e flexibilidade cognitiva (Seabra, 2012, v. 1).

As trocas identificadas na linguagem oral (Seabra, 2012, v. 2) eram basicamente /r/ X /l/ (em sílabas complexas) e incapacidade de pronunciar palavras com mais de três sílabas. Seu repertório estava muito abaixo do esperado para sua idade cronológica. Embora Caio identificasse a maioria das sílabas simples, separadamente, não conseguia fazer a leitura de palavras, fossem estas de sílabas simples ou complexas. Sua escrita encontrava-se no nível silábico-alfabético e apresentava ótima caligrafia para cópias.

Caio era uma criança muito tímida, mas apresentava expressão corporal adequada para sua idade cronológica. Alto, forte e peso acima do ideal para sua altura, demonstrava bom equilíbrio, tônus muscular, coordenação motora fina e global adequados. Postura ruim para sentar-se na cadeira: tinha o hábito de apoiar os dois braços sobre a mesa e segurar a cabeça com a mão direita.

Na execução das atividades relacionadas a aritmética (Seabra; Dias; Capovilla, 2013), apresentou dificuldade para identificar os algarismos fora da ordem. Conseguia contar oralmente e registrar números até 20, porém não os nomeava quando estavam em ordem aleatória. Não conseguia elaborar estratégias para resolução de problemas simples. Para operações de adição, utilizava-se das mãos ou outros recursos concretos. Dificuldade com a subtração. Não reconhecia nem desenvolvia os algoritmos de adição e subtração.

Caio não apresentou nenhuma dificuldade relacionada à noção espacial: seus registros de desenho e escrita utilizavam bem o espaço disponível no papel. Porém, demonstrou dificuldades relacionadas à noção temporal para contagem do tempo das horas do dia, dias da semana, meses do ano.

Ao fim da avaliação psicopedagógica, os resultados sugeriram um possível Transtorno de Aprendizagem para Discalculia e Dislexia. Em supervisão, refletiu-se que Caio deveria ser estimulado por pelo menos seis meses antes de ser fechado o diagnóstico. Concomitante, se fosse possível, ele deveria ser avaliado por uma fonoaudióloga, o mais breve possível, a fim de identificar se havia alguma alteração no Processamento Auditivo Central, o que confirmaria o Distúrbio no Processamento Auditivo Central (DPAC), como também o oftalmológico, para confirmar ou descartar as dificuldades de rastreio visual.

Neste caso, o tratamento multidisciplinar garantiria uma melhor resposta para as dificuldades identificadas, tendo em vista a ação de profissionais de diferentes áreas com experiências complementares, estimulando as suas potencialidades.

Na devolutiva com os pais, foi explicada a necessidade desses encaminhamentos citados anteriormente, como também de a mãe realizar terapia pessoal, com o objetivo de se fortalecer e superar o momento da separação que vinha sofrendo.

A intervenção foi iniciada logo após a avaliação, em fevereiro de 2023. Com ciência da família, foi feita uma nova reunião com a escola, com o objetivo de apresentar a conclusão da avaliação psicopedagógica e promover um trabalho de parceria entre a escola e o atendimento psicopedagógico, durante toda a intervenção. Foi iniciada a alfabetização por meio de orientação fônica, com o objetivo de desenvolver as competências fundamentais envolvidas no processo de alfabetização, em consultório, bem como a estimulação de todas as habilidades preditoras, entre elas as habilidades metafonológicas nas diferentes atividades, incluindo jogos e variados recursos lúdicos.

Caio recebeu atendimento durante todo o ano de 2023, com sessões semanais, num total de 36 sessões. O foco foi sempre a alfabetização e o desenvolvimento de todas as habilidades preditoras, dando bastante ênfase ao aumento na quantidade e na qualidade do seu repertório vocabular. Assim, utilizando vários jogos que estimulavam a flexibilidade cognitiva, a memória e a atenção, mantendo sempre o seu interesse durante as atividades desenvolvidas, fortalecendo as suas potencialidades na busca de suprir as defasagens, Caio demonstrava muito prazer em realizar todas as atividades propostas. Recebeu muitos elogios por seu esforço e dedicação. A cada conquista, sempre era elogiado. Ele ficava muito feliz quando percebia suas próprias conquistas. Neste período, Caio levava com bastante frequência jogos para casa, na tentativa de envolver mais seus familiares na sua aprendizagem. Algumas vezes voltava feliz e orgulhoso, principalmente quando conseguia explicar as regras e envolver pais e avós.

No fim do primeiro semestre de intervenção, houve uma nova reunião com a escola com o objetivo de avaliar o trabalho realizado até aquele momento e definir as próximas metas para o segundo semestre. Caio estava bem mais envolvido com sua alfabetização e apresentava progressos visíveis na escola e em casa. Porém, alguns entraves da linguagem ainda interferiam bastante no seu processo de leitura.

Em agosto de 2023, depois de várias tentativas em busca de profissionais qualificados e que aderissem ao trabalho social, Caio foi encaminhado para uma fonoaudióloga, que realizou a avaliação gratuitamente, e foi identificado um quadro de Distúrbio de Aquisição e Desenvolvimento de Linguagem, caracterizado por dificuldades no processo de letramento, codificação e decodificação, de causa desconhecida. Também percebeu que Caio não tinha voz na família, que ninguém o considerava ou o ajudava em suas atividades e dificuldades. E, confirmando as nossas suspeitas, pediu uma Avaliação de Processamento Auditivo Central (DPAC) e confirmou a necessidade do acompanhamento psicopedagógico. Prontificou-se a dar seguimento ao acompanhamento fonoaudiológico gratuito, enquanto iniciamos uma nova busca por profissional que fizesse a avaliação do PAC.

Em novembro de 2023, Caio foi contemplado por outra profissional da área da Fonoaudiologia, que se dispôs a avaliá-lo gratuitamente. Após a Avaliação do Processamento Auditivo Central, foi identificado um comprometimento das funções auditivas. Caio apresentava alteração no processamento auditivo para várias funções, com a suspeita de que Transtornos de Aprendizagem mais amplos estariam interferindo nas habilidades do processamento auditivo para a aquisição de leitura e escrita.

Caio recebia apoio fonoaudiológico após a avaliação do PAC concomitante à intervenção psicopedagógica e orientações constantes para a escola e para a família. Este trabalho multidisciplinar seguiu até meados de abril de 2024, quando, em nova visita à escola, a fala dos professores foi unânime: Caio vinha progredindo devagar, ainda abaixo do esperado para sua idade cronológica, porém numa linha ascendente de desempenho. Continuava se esforçando muito, aceitava ajuda dos colegas para as atividades que exigiam maior volume de leitura, e começava a pedir ajuda para os professores, embora também trabalhasse sozinho.

Ao fim deste período, em junho de 2024, Caio apresentava leitura silabada — no nível I de fluência — com compreensão do que lia. Identificava sílabas simples e quase todas as sílabas complexas. Apresentava ainda dificuldades para pronunciar muitas palavras, mas continuava com acompanhamento fonoaudiológico. Apresentava avanços na leitura e escrita, embora apresentasse ritmo lento e fluência baixa. Copiava com maior compreensão da lousa, e sua caligrafia continuava regular e legível.

Quanto às habilidades aritméticas, apresentava muita dificuldade para raciocínio e cálculos iniciais, bem como atividades e jogos que envolviam sequência numérica, estimativas, resolução de problemas simples. Concomitantemente ao processo de alfabetização, Caio foi bastante estimulado com jogos que exigiam velocidade de raciocínio, agilidade mental, sequência numérica, ordinalidade, cardinalidade, noções de magnitude e resolução de problemas simples. Realizava adições até 10 com o uso dos dedos — ou, acima desta quantidade, realizava apenas apoiado em material concreto.

Caio criou muito gosto pelos jogos. Sabia todas as regras, mas ainda tinha dificuldade em verbalizá-las com clareza e acurácia. Em visita à escola, um mês antes do encerramento da intervenção psicopedagógica pelo Projeto Social, os professores foram novamente unânimes quanto ao progresso do Caio com relação ao esforço e prazer na aprendizagem de leitura e escrita. As mudanças percebidas estavam relacionadas também ao comportamento, e notavam que Caio estava mais à vontade para pedir ajuda. Relataram que ele já aceitava ajuda de outro estudante, quando estava atrasado em relação aos colegas. E que, no período em que estava na escola, se dedicava às atividades propostas e realizava várias atividades sozinho.

Com relação à aritmética, Caio ainda não conseguia realizar as atividades propostas referentes ao seu ano escolar. Suas atividades eram adaptadas à sua compreensão, de forma que executasse cálculos mais simples e desenvolvesse outros conteúdos. A professora de tecnologia relatou que ele não apresentava dificuldades nessa disciplina. Era incrível como ele entendia bem o funcionamento do computador — suas ferramentas — e conseguia realizar as atividades propostas, na sua maioria, projetos. A sua dificuldade, neste caso, estava diretamente ligada à falta de organização, pois sempre esquecia a sua senha de acesso, bem como à leitura e à compreensão dos comandos.

Não se descartou a hipótese de Dislexia e Discalculia. Para o período em que o Caio esteve acompanhado por psicopedagoga (desde outubro de 2022 até junho de 2024) e por fonoaudióloga (desde fevereiro de 2023 até junho de 2024), seu desempenho estava abaixo do esperado para sua idade cronológica, embora seguisse aprendendo, evoluindo em ritmo lento.

Três meses após o último atendimento psicopedagógico, mas ainda com acompanhamento fonoaudiológico, Caio retornou ao consultório da psicopedagoga voluntária do projeto social para uma sondagem em relação à sua aprendizagem. Caio encontrava-se no nível alfabético quanto à leitura, pela rota fonológica. Conseguia ler palavras, frases e parágrafos com compreensão do que lia.

Sua escrita autoral ainda era lenta e apresentava algumas trocas, como F/V, A/E, D/T, S/X/C, O/U.

Figura 1 – Imagem da produção escrita de dezembro de 2022

Fonte: acervo das autoras

Figura 2 – Imagem da produção escrita de dezembro de 2024

Fonte: acervo das autoras

Nas atividades avaliativas relacionadas à aritmética (Picinini, 2023), Caio apresentava dificuldade no que dizia respeito aos algoritmos das operações matemáticas, porém com absoluto domínio das habilidades matemáticas envolvidas no senso numérico, como a percepção de magnitude (capaz de discriminar e organizar quantidades bem como fazer comparações numéricas), cardinalidade (capaz de identificar e contar quantos objetos existem em um conjunto e encontrar sua representação numérica até 20), ordinalidade (capaz de identificar a posição de objetos em uma sequência e sua representação numérica até 10), comparações (capaz de observar e comparar objetos por categorias, classificar e reconhecer características), medições (capaz de associar grandezas físicas e nomear, fazendo a correspondência com a unidade correspondente de peso e comprimento) e estimativas (capaz de estimar tamanhos e quantidades a partir de um ponto de referência).

O Projeto Social foi de grande ajuda para a sua aprendizagem, pois identificou várias dificuldades e conseguiu, com apoio multidisciplinar, grandes avanços na sua aprendizagem. A sua alfabetização e os avanços em relação ao conhecimento da aritmética só foram possíveis graças ao trabalho desenvolvido entre a Psicopedagogia e a Fonoaudiologia, bem como por todo o corpo docente envolvido e a aproximação com a família.

Conclusão

> O diagnóstico do sintoma está constituído pelo significado, ou, o que é a mesma coisa, pela funcionalidade da carência funcional de dentro da estrutura total da situação pessoal (Paín, 1985, p. 28).

O presente caso nos mostra uma realidade que diverge da grande maioria dos estudantes com alguma dificuldade ou transtornos de aprendizagem que frequentam as escolas públicas no nosso país. Vivemos numa sociedade extremamente desigual, onde a Psicopedagogia, por ser um serviço oferecido para quem pode pagar, não acessa a maioria desses estudantes que estão matriculados nas escolas públicas.

Caio foi beneficiado por nosso projeto, que entende que a Psicopedagogia deve ser para todos. Ele foi o terceiro estudante beneficiado nessa mesma escola pelo projeto, entre tantas outras crianças que necessitam dessa estimulação e de um trabalho psicopedagógico comprometido e bem fundamentado, que aguardam por psicopedagogos voluntários.

Segundo o Censo Escolar 2023, as matrículas na educação especial chegam a mais de 1,7 milhão de estudantes. A maior concentração está no Ensino Fundamental, com 62,90% das matrículas. Do total de matrículas, 53,7% são de estudantes com deficiência intelectual (952.904). Em seguida, estão os estudantes com Transtorno do Espectro do Autismo (TEA), com 35,9% (636.202) delas. Na sequência, estão pessoas com deficiência física (163.790), baixa visão (86.867), deficiência auditiva (41.491), altas habilidades ou superdotação (38.019), surdez (20.008), cegueira (7.321) e surdo-cegueira (693). Além disso, 88.885 estudantes têm duas ou mais deficiências combinadas.

A recusa de matrícula de pessoas com deficiência, transtornos e altas habilidades ou superdotação é crime. Segundo a Lei n.º 7.853, de 24 de outubro de 1989 (Brasil, 1989).

> Art. 8º Constitui crime punível com reclusão de 2 (dois) a 5 (cinco) anos e multa:
>
> I – recusar, cobrar valores adicionais, suspender, procrastinar, cancelar ou fazer cessar inscrição de aluno em esta-

belecimento de ensino de qualquer curso ou grau, público ou privado, em razão de sua deficiência [...].

Apesar de a lei não estabelecer o número ou percentual de alunos com deficiência por sala, o ideal é que chegue a 20% por turma, como o que corresponde na sociedade.

A Lei n.º 14.254, de 30 de novembro de 2021, dispõe sobre o acompanhamento integral para educandos com Dislexia ou Transtorno do Déficit de Atenção com Hiperatividade (TDAH) ou outro transtorno de aprendizagem.

Cerca de 20% a 60% das crianças com TDAH — um distúrbio do neurodesenvolvimento, e não do comportamento, apesar da impulsividade e da hiperatividade — têm transtornos de aprendizagem, afetando leitura, escrita e a matemática, e a maioria apresenta problemas acadêmicos como notas baixas devido a desorganização ou tarefa de casa incompleta (habilidades executivas). A Dislexia é causada por uma alteração no processamento cerebral das informações visuais e auditivas que afeta a maneira como o cérebro reconhece e compreende as palavras.

Mas tanto a Dislexia como o TDAH não atingem as habilidades intelectuais, e a sua identificação precoce é importante, porque o cérebro é muito mais plástico nas crianças pequenas e potencialmente mais maleável para um redirecionamento dos circuitos neurais.

Assim, imaginemos Caio neste cenário, aos 9 anos e 5 meses, sem nenhum suporte às suas dificuldades, apesar das leis existentes e do esforço da sua escola pública, continuar sua jornada até o Ensino Fundamental II sem estar alfabetizado. Como seria esse menino? Que chances ele teria? Que destino o aguardaria?

Podemos dizer que Caio teve sorte? Talvez não. Seus pais, preocupados, procuraram ajuda e encontraram. Essa busca durou dos 6 aos 9 anos e meio, mas conseguiram. Nossa equipe também teve sorte? Sim, com certeza. Conseguimos avaliações gratuitas e duas fonoaudiólogas que aceitaram esse desafio conosco.

Nosso propósito, em nossa ação social, sempre foi e continuará a ser o de transformar esta realidade. Retirar essa criança de uma condição de não aprender — em que muito provavelmente acabaria desconfiada de sua própria capacidade cognitiva, não lhe seriam oferecidas muitas possibilidades e lhe acarretaria questões cognitivas, sociais e emocionais — foi transformador. Hoje Caio demonstra uma felicidade e um prazer genuíno em cada novo aprendizado. Mesmo sabendo de suas dificuldades, percebe seu potencial, aceita ajuda e arrisca novos desafios. Atingimos nosso objetivo!

Referências

BRASIL. **Lei n.º 7.853 de 24 de outubro de 1989**. Dispõe sobre o apoio às pessoas portadoras de deficiência, sua integração social, sobre a Coordenadoria Nacional para Integração da Pessoa Portadora de Deficiência – Corde, institui a tutela jurisdicional de interesses coletivos ou difusos dessas pessoas, disciplina a atuação do Ministério Público, define crimes, e dá outras providências. Diário Oficial: República Federativa do Brasil: seção 1, Brasília, DF, 24 de outubro de 1989. Disponível em: https://www.planalto.gov.br/ccivil_03/leis/l7853.htm. Acesso em: 21 abr. 2025.

MENDES, Mônica. Supervisão: uma leitura da prática psicopedagógica. **ABBP Informa**, São Paulo, v. 14, n. 29, p. 3, 2019. Disponível em: https://sistema.abpp.com.br/img/downloads/informa29_657c73824d6991_85402391.pdf. Acesso em: 21 abr. 2025.

PAÍN, S. **Diagnóstico e tratamento dos Problemas de Aprendizagem**. Porto Alegre: Artmed, 1985.

PICININI, R. S. C. **Promatem**: Programa de Remediação com Habilidades Matemáticas Camadas 1, 2 e 3 do RTI. Ribeirão Preto: BookToy, 2023.

SEABRA, A. G.; DIAS, N. M. **Avaliação neuropsicológica cognitiva**: atenção e funções executivas. São Paulo: Memnon, 2012. v. 1-2.

SEABRA, A. G.; DIAS, N. M.; CAPOVILLA, F. C. **Avaliação neuropsicológica cognitiva**: leitura, escrita e aritmética. São Paulo: Memnon, 2013. v. 3.

SEABRA, A. G.; MECCA, T. P. **Avaliação neuropsicológica cognitiva**: memória de trabalho. São Paulo: Memnon, 2019. v. 4.

VISCA, J. **O Diagnóstico Operatório na Prática Psicopedagógica**. Tradução de Simone Calberg. São José dos Campos: Pulso, 2008.

VISCA J. **Técnicas projetivas psicopedagógicas e pautas gráficas para sua interpretação**. Buenos Aires: Visca & Visca, 2011.

VISCA, J.; SCHUMACHER, S. **O diagnóstico operatório na prática psicopedagógica**. São José dos Campos: Pulso, 2012.

ENTRELAÇADOS: A IMPORTÂNCIA DO TRABALHO COM A FAMÍLIA NO ATENDIMENTO PSICOPEDAGÓGICO DE ADOLESCENTES

Inez Maia Melchiades Gomes
Greicy Rodrigues Gasbarra
Sandra Casseri Rindeika

A atuação em psicopedagogia requer a análise de diferentes fatores que podem estar associados à queixa trazida pela família. Normalmente as famílias apontam crianças e adolescentes como "portadores de dificuldades ou distúrbios", enfatizando comportamentos individuais sem perceber que estes estão inseridos dentro de um contexto familiar diverso e com características específicas. Outras se apresentam no lugar de "culpadas" diante dos fracassos de aprendizagem de seus filhos, com dificuldades em perceber possibilidades de mudanças, a relação de circularidade entre as subjetividades, a existência de uma dinâmica familiar, olhando apenas a linearidade causa-efeito.

O fazer psicopedagógico remete a perceber as circularidades na relação existente entre o meio e a singularidade do sujeito que permeia nossa forma de aprender e de pensar.

> A maneira como todos nós nos colocamos no mundo frente ao conhecimento, tem relação com as interações vividas com nossas figuras de ensinantes, as questões subjetivantes constituintes de todo o sujeito e a nossa estrutura operatória, que por sua vez é constituída nesta interação com o meio, em um movimento de construção adaptativa (Bartholo, 2023, p. 11).

Apresentaremos o relato de casos clínicos referentes a dois adolescentes atendidos em psicopedagogia no Projeto Social da Associação Brasileira de Psicopedagogia Seção São Paulo (ABPp SP) nos anos de 2023 e 2024, em que identificamos aspectos importantes quando olhamos para a dinâmica familiar, tornando-se esta em muitos momentos obstáculo para o processo de evolução dos atendidos e para os avanços do trabalho psicopedagógico. Nos dois casos as famílias demonstraram acreditar que, como já são "adolescentes", deveriam caminhar sozinhos, pois são totalmente responsáveis pelas aprendizagens e rotinas escolares, adotando com eles uma postura de cobrança excessiva resultados, passividade, falta de acompanhamento.

Caso A

Falaremos de ASF, um adolescente de 10 anos, estudante de quinto ano de escola pública municipal na cidade de São Paulo, encaminhado pela instituição que o atende no contraturno escolar com a queixa de apresentar dificuldades na leitura, escrita e matemática. Essa queixa foi também confirmada pela mãe. A comunicação com essa família normalmente é feita através da instituição.

Durante o processo avaliativo, na análise de dados das primeiras aprendizagens, ASF não apresentou dificuldades ou atrasos relacionados a alimentação/amamentação; habilidades psicomotora/marcha, nem na fala. As dificuldades foram identificadas aos 7/8 anos de idade, principalmente quando a irmã, de 6 anos, começou a ler e a fazer o nome dela completo. Devido às dificuldades apresentadas, ASF já sofreu muito bullying.

Nas sessões de avaliação, realizamos a entrevista inicial e a anamnese com a mãe. Com o aprendente realizamos: a EOCA; provas operatórias, projetivas, psicomotoras e pedagógica (leitura, escrita e matemática). A anamnese com a mãe trouxe aspectos importantes do histórico de vida de ASF que merecem ser destacados.

Quando ASF nasceu, a mãe tinha 19 anos de idade e, de acordo com seu relato, não foi uma gravidez planejada, havendo violação de limites pessoais. Portanto, percebem-se certas particularidades desde a concepção. O genitor de ASF não tem nenhuma dificuldade de aprendizagem, porém alguns primos demonstram certas dificuldades em aprender, e a mãe não tem conhecimento de quais seriam.

ASF viveu sozinho com a mãe até os 3 anos de idade, quando foram morar com seu atual padrasto. Um tempo depois, nasceram dois irmãos. Mãe e padrasto trabalham fora e muitas vezes, segundo relato do aprendente, é ele quem vai buscar e levar os irmãos para a escola e/ou creche.

Ajuda a mãe nas tarefas da casa e disse que é um menino-adulto, pois faz muitas coisas de adulto. O padrasto não se envolve nas questões escolares.

Além disso, o fato de ASF ter uma irmã mais nova que aprende com facilidade enquanto ele apresenta dificuldades torna o lugar de aprendente talvez não possível para ele. O processo de concepção permeado por sentimentos difusos (o oculto, o não dito) e a dinâmica atual da família têm interferência para que ASF não encontre o seu lugar e seu papel e influenciam seu processo de aprendizagem.

A partir do raciocínio clínico e da própria fala de ASF, percebe-se que sua vida escolar não está fluindo de forma ascendente; pelo contrário, as notas escolares estão diminuindo (notas baixas em relação à média estabelecida pelo sistema de ensino ao qual sua escola está vinculada). Este fato ocorre como resultado dos trabalhos e/ou atividades não realizados e não entregues de acordo com a solicitação dos professores, falta de agenda para anotar as coisas importantes da escola, a não existência de uma rotina de estudo e/ou revisão das atividades escolares, além da própria dificuldade de aprendizagem que apresenta. Essas questões evidenciam quão importante é a parceria, a participação da família no processo de atendimento psicopedagógico da criança, para seu desenvolvimento, tanto escolar quanto socioafetivo.

Como hipótese diagnóstica, podemos apontar transtorno específico da aprendizagem, com prejuízos nas habilidades básicas de leitura, escrita e matemática. Além disso há possibilidade de risco para Dislexia e aspectos importantes da subjetividade que vão para além dos transtornos, estão relacionados com a forma de como o conhecimento é vivido desde sua concepção, com o que precisa ser escondido, não lembrado, não aprendido como se o pensamento não pudesse ser acionado.

O segredo, o oculto, em si, não é o causador do problema de aprendizagem, porém quem tem problema de aprendizagem, diante do segredo, do oculto, "coloca-se num lugar de onde não pode aproximar-se" (Fernández, 2014, p. 115).

"O sintoma-problema de aprendizagem implica o fracasso da simbolização ante a anulação do desconhecimento" (Fernández, 2014, p. 116). O sintoma aloja-se na modalidade de aprendizagem do aprendente. Modalidade essa que se forma de maneira pessoal, a partir da história e da significação de cada ser desde o nascimento, levando em conta as questões do seu organismo, do seu corpo, da sua inteligência e do desejo.

Modalidade de aprendizagem é a forma como nos aproximamos do conhecimento e consolidamos o saber. Ela vai construindo-se desde o nascimento, esse esquema interno de lidar com a aprendizagem; começa na maneira como o aprendente percebe a relação do pai e da mãe, em como ele é cuidado.

O sintoma-problema enrijece a modalidade de aprendizagem, impedindo que esta se vá transformando. A partir daí, a simbolização deixa de acontecer, ou seja, simbolizar

> [...] permite ressignificar e a ressignificação possibilita que a modalidade possa ir se modificando. Ao não poder estabelecer este processo de ressignificação interno à própria modalidade de aprendizagem, esta modalidade fica enrijecida, impedindo ou dificultando a aprendizagem (Fernández, 2014, p. 116-117).

A aprendizagem é um processo em que há a elaboração objetivante e subjetivante. Na objetivante, há a apropriação do objeto, ordenando-o e classificando-o, incluindo-o em alguma estrutura de classe. Já a subjetivante, a apropriação se dá a partir da experiência pessoal do sujeito com o objeto.

De acordo com a abordagem psicopedagógica clínica de Alícia Fernández e Sara Paim, ASF demonstra características da modalidade de aprendizagem hiperassimilativa e hipoacomodativa, ele é sociável, consegue comunicar-se, responde às perguntas propostas, é curioso, persistente, tem iniciativa, sua predominância é o lúdico, mas com dificuldades em acomodar para internalizar, dificuldade no raciocínio, seja por palavras ou por escassez de ideias.

Após o processo avaliativo psicopedagógico, realizamos momentos de devolutiva e orientação de procedimentos de aprendizagem para a professora e coordenação da escola, para a educadora da instituição do contraturno e para a mãe, apontando as características de multicausalidade de suas dificuldades de aprendizagem, suas potencialidades bem como procedimentos que poderiam ajudar ASF a fortalecer sua autoestima, como também restabelecer e fortalecer vínculos positivos com o processo ensino-aprendizagem.

Na segunda etapa do processo psicopedagógico, trabalhamos de forma sequencial partindo do mais simples para o mais complexo, com letras do alfabeto e números, com o desenvolvimento de atividades de consciência fonológica, leitura, escrita, principalmente através de jogos que possibilitaram exercitar o pensar, seu vínculo com a aprendizagem, sua "alfabetização" de mundo e seu lugar como alguém capaz de aprender.

Na reunião de devolutiva com a mãe, foi realizado o encaminhamento para a Associação Brasileira de Dislexia (ABD) a fim de confirmar ou refutar o risco de Dislexia e para o Posto de Saúde do seu bairro (o médico da família) para solicitar encaminhamento para o teste de Processamento Auditivo Central (PAC). Foi um momento importante para enfatizar o potencial de aprendizagem ASF, suas habilidades, a necessidade de a escola estar no centro das atividades dele, a valorização desse espaço como oportunidade de crescimento, desenvolvimento e futuro.

Além disso, houve algumas orientações no sentido prático para ajudar ASF a ter um melhor desempenho na escola, como: acompanhar e montar uma rotina de estudo; assessorá-lo nos estudos em casa; organizar espaço de tempo e de local para estudo agenda para anotar as datas de trabalhos, lições ou provas e procurar não faltar na escola. Apesar das orientações e encaminhamentos dados, até o momento a família não foi em busca das avaliações e não houve mudanças na rotina em casa. Ainda serão necessários mais encontros com a família-mãe para se ter uma escuta mais ativa, abrindo espaços para o pensar juntos na importância do acompanhamento familiar identificando os obstáculos para que o objetivo possa ser alcançado.

Caso B

F., um jovem de 16 anos, está atualmente no primeiro ano do Ensino Médio em uma escola pública estadual na cidade de São Paulo. Sua história acadêmica é marcada por dificuldades persistentes, especialmente em matemática, que se tornaram a principal queixa de sua família. Segundo a mãe, F. havia começado um acompanhamento em uma unidade de saúde no Rio de Janeiro devido a um diagnóstico preliminar de Transtorno de Déficit de Atenção e Hiperatividade (TDAH). No entanto, a família mudou-se para São Paulo antes de obter um laudo formal, o que interrompeu o tratamento.

A avaliação psicopedagógica de F. revelou comportamentos compatíveis com o diagnóstico de TDAH. Suas dificuldades em matemática, no entanto, não são apenas reflexo do transtorno. Elas estão profundamente enraizadas em uma defasagem acumulada ao longo dos anos, consequência das mudanças de escolas e das diferentes abordagens pedagógicas que foram utilizadas. Cada nova escola trouxe novos desafios, mas não o suporte contínuo necessário para superar essas barreiras.

A dinâmica familiar desempenha um papel crucial no cenário que F. enfrenta. A família frequentemente delega a ele responsabilidades que ultrapassam suas habilidades atuais, o que leva a uma série de broncas e reprimendas. A situação é agravada pelas constantes comparações com o irmão mais velho, que não enfrentou as mesmas dificuldades acadêmicas. Essas comparações aumentam a pressão sobre F., alimentando um sentimento de inadequação e baixa autoestima.

A mãe de F. se mostra sempre colaborativa nas sessões psicopedagógicas. Ela participa ativamente, tenta implementar as estratégias sugeridas e demonstra um desejo genuíno de ver o filho superar suas dificuldades. No entanto, essa parceria não é integralmente partilhada pelo pai de F. Ele adota uma postura cética em relação ao progresso do adolescente, muitas vezes expressando dúvidas sobre a possibilidade de evolução. Essa atitude desmotivadora impacta diretamente o comprometimento de F., que já se esforça para manter a motivação. Além disso, o pai deixa claro que, se F. não superar suas dificuldades, ele deverá abandonar a escola e seguir sua profissão, desvalorizando a importância da educação formal.

Esse ambiente familiar complexo, marcado por apoio misto e expectativas conflitantes, contribui significativamente para o estado emocional e acadêmico de F. Ele se sente desestimulado, pressionado e incapaz de atender às demandas que lhe são impostas, o que afeta seu desempenho escolar, sua autoestima, não se percebendo alguém com possibilidade de aprender. A mãe, apesar de suas boas intenções, enfrenta enormes desafios para equilibrar a dinâmica familiar e oferecer o suporte necessário para que F. possa superar suas dificuldades.

Pode-se perceber como pensar sobre a modalidade de aprendizagem e de ensino e sua relação de reciprocidade e suplementaridade nos auxilia a entender esse caso. Quando uma criança ou um adolescente apresenta uma modalidade de aprendizagem patologizante, pode-se identificar que seus pais ou professores apresentam uma modalidade de ensino também patologizante. O sentido dado a "patológico" aqui vem da ideia trazida por Alicia Fernández em seu livro *Os idiomas do aprendente*, de 2001, onde irá relacionar a uma modalidade que congelou, que enrijeceu, estereotipou, perdeu a plasticidade.

O modelo de ensino apresentado principalmente por esse pai é de alguém indiferente, sem comunicação com filho, em que a mãe é a intermediária; que o coloca no lugar de ignorante, de alguém incapaz.

De acordo com Alicia Fernández (2001), trata-se de um modelo de ensino indiferente, em que o pai compreende que não tem nada a aprender com seu filho, fazendo com que se sinta isolado, desvalorizado e emocionalmente sem apoio. Como resultado, F. não tem senso de pertencimento e tem dificuldade em confiar nos outros, mostrando menor desempenho acadêmico sem motivação e resiliência em ambientes de aprendizagem devido à ausência de apoio emocional em casa.

Após a realização da avaliação psicopedagógica, foi iniciado o acompanhamento com orientações direcionadas às dificuldades e aos prejuízos identificados em F. Durante esse período, foram apresentados avanços em seu desenvolvimento acadêmico bem como uma abertura para acionar e utilizar recursos cognitivos. Foram realizadas várias sessões com a família (pai e mãe), além de sessões conjuntas com a participação de F. para dar voz a sua problemática, para que o espaço de pensar as diferenças fosse possível, para enfatizar a importância do diálogo, para o fortalecimento dos vínculos afetivos tão necessários para o aprender No entanto, aspectos emocionais, especialmente relacionadas ao ambiente familiar, interferiram de forma significativa para oscilações em seu progresso, com momentos de melhoria e declínio na aprendizagem.

Conforme orientado, a família buscou acompanhamento psicológico, o que possibilitou uma melhoria substancial no equilíbrio emocional de F., refletindo positivamente em seu desempenho acadêmico. A integração entre os acompanhamentos psicopedagógicos e psicológicos possibilitou um avanço mais consistente, evidenciando a importância de um suporte multidisciplinar.

Após esse período de intervenção, foi sugerida uma reavaliação psicopedagógica para mensurar com maior sucesso o desenvolvimento do progresso de F., e para identificar áreas que ainda sejam relevantes para dar suporte e ajustar o plano de intervenção, caso necessário, para garantir a continuidade do progresso apresentado.

Durante a adolescência, o estilo de ensino indiferente, o não envolvimento dos pais, pode trazer impactos muito profundos, já que essa fase é essencial para o jovem definir sua identidade, aprender a lidar com emoções e construir relações sociais. Quando falta o apoio emocional dos pais, os adolescentes podem se sentir inseguros e até inadequados em relação a quem são. Essa ausência de suporte pode desencadear efeitos negativos bem significativos.

O entendimento sobre a fase em que estão nossos pacientes se torna fator importante para o raciocínio clínico, visto que se sabe que a fase de adolescência traz muitos desafios para toda a família.

De acordo com a Organização Mundial da Saúde (OMS), a adolescência é definida como o período que vai dos 10 aos 19 anos, dividido em três fases: pré-adolescência (10 a 14 anos), adolescência (15 a 19 anos completos) e juventude (15 a 24 anos). Esse período é caracterizado por mudanças significativas no âmbito físico, psicológico e social, frequentemente acompanhadas por intensas transformações emocionais.

A adolescência é uma fase de transição entre a infância e a vida adulta, em que o indivíduo busca uma identidade, seja ela pessoal, profissional ou social. Durante esse período, é comum que o adolescente questione a autoridade dos adultos, rejeite conselhos e se afaste da família em busca de independência e autoafirmação. No entanto, essa busca por autonomia muitas vezes convive com um desejo latente de atenção e aprovação dos pais, o que pode gerar uma série de conflitos.

Além das mudanças internas, o adolescente é fortemente influenciado pelo ambiente familiar, cultural e social. A relação entre pais e filhos, muitas vezes marcada por um "conflito de gerações", é um reflexo dessa ambiguidade: enquanto o adolescente desafia a autoridade dos pais, ele também busca, de certa forma, sua aprovação e orientação. Por outro lado, os pais podem ter dificuldades em lidar com as inquietações e as novas demandas de seus filhos, o que pode levar a prejuízos e mal-entendidos.

Através de...

Os casos A e B apresentam questões familiares que influenciam a aprendizagem dos aprendentes em questão. A modalidade de aprendizagem dos adolescentes está entrelaçada com a modalidade de aprendizagem familiar, que está entrelaçada com a modalidades de ensino não só das famílias, mas também com a dos ensinantes que estão no meio social e principalmente na escola.

Para analisar esse tema, pode-se buscar como referência Alicia Fernández, psicopedagoga argentina que tem grandes contribuições para a psicopedagogia no Brasil. Em seu livro *A inteligência aprisionada*, discorre sobre a investigação psicopedagógica clínica do aprendente e sua família. Ela dedica um capítulo para falar sobre a aprendizagem e a família. Nele são abordados temas relacionados à questão familiar, às relações familiares com o processo de aprendizagem de uma criança.

Ela começa dizendo que o diagnóstico passa pela família. Em sua experiência profissional clínica, criou o Diagnóstico Interdisciplinar Familiar de Aprendizagem em uma Jornada (Difaj), ou seja, um atendimento multiprofissional com a família do aprendente e com o aprendente com dificuldade de aprendizagem.

Não existe uma causa-efeito (causalidade linear) para detectar um problema de aprendizagem. A família não é a causa da dificuldade de uma criança, assim como a problemática da criança não é a causadora do "desequilíbrio e conflitos familiares".

> [...] Freud nos proporciona um modelo excelente para compreender o lugar da família na gestação do problema de aprendizagem. A combinação de fatores congênitos, hereditários, junto com as experiências infantis no ambiente familiar ou social, constituem a chamada série da disposição, a qual, por influência dos motivos atuais ou desencadeantes, por sua vez condicionados pela disposição, determina o surgimento da enfermidade mental (Fernández, 2014, p. 96).

Segundo Alícia, não existe família típica para problema de aprendizagem, não existe um tipo padrão de família que gere problemas de aprendizagem em um de seus membros. Ela cita Laing ao dizer que

> [...] à família não é um objeto introjetado, mas um conjunto de relações internalizadas [...] o que se internaliza é a família como sistema, não os elementos isolados [...], mas um conjunto de relações internalizadas [...] relação que por meio de operações internas continuam se transformando, e a partir das quais uma pessoa vai desenvolver sua peculiar modalidade de aprendizagem (Fernández, 2014, p. 98).

O lugar do que não aprende, estabelecido de maneira "ignorante", dentro da família é muito forte. Ela dá alguns exemplos:

> [...] um pai em uma entrevista familiar: Ele não tem boa cabeça, pobrezinho, é igual a mim. Outra mãe, quando traz seu filho sorridente à consulta, diz: Vai chorar, porque quer que eu fique. Estas palavras foram suficientes para que a criança começasse a chorar (Fernández, 2014, p. 100).

Muito interessante quando ela estabelece um diálogo entre Pavlovsky e Laing. E Pavlovsky afirma:

> A maioria de nós está submerso em um transe hipnótico que remonta aos primeiros anos. Permanecemos nesse estado até que de repente despertamos, e descobrimos que nunca vivemos ou que vivemos induzidos por outros que, por sua vez, foram induzidos por outros. A ideologia é subterrânea. Tudo é como um profundo mal-entendido. Se despertamos de repente, ficamos loucos. Se despertamos pouco a pouco, nos tornamos inevitavelmente revolucionários em algumas de suas múltiplas formas, e então tentamos modificar destinos. Se não despertamos nunca, somos gente normal e não prejudicamos ninguém (Fernández, 2014, p. 100).

Ou seja, o grande problema está no pensar. Elenco também Leila Sara José Chamat, com seu livro *Técnicas de diagnóstico psicopedagógico*. Ao tratar da entrevista inicial, percebe-se a importância desta, pois através dela podemos perceber o "envolvimento dos familiares com a problemática da criança" (Chamat, 2003, p. 46) que os sintomas significam **na** e **para** a família e quanto a relação entre os sintomas e a reação se retroalimentam.

Ela esclarece que, na expectativa dos pais em relação ao tratamento, muitas vezes eles "transferem" para o psicopedagogo a responsabilidade de "cura" do seu filho.

No que diz respeito ao fracasso escolar, muitas vezes é visto como um problema fora do âmbito familiar, portanto não seria de responsabilidade da família.

> [...] os pais que procuram auxílio psicopedagógico e atribuem ao psicopedagogo total responsabilidade pela dissolução dos sintomas nas crianças, isentando-se do processo, estão, inconscientemente, limitando o acesso do profissional ao conhecimento. Se este aceita [...], seu trabalho tende a fracassar [...] (Chamat, 2003, p. 48).

Entendo que o enquadramento é um momento muito importante para o bom andamento do atendimento psicopedagógico clínico. Nele o psicopedagogo estabelece os horários, dias, vínculos, principalmente o envolvimento e compromisso das partes no processo, visto que analisamos o sujeito dentro do seu contexto familiar e escolar, não um sujeito isolado, "o foco de análise é o sujeito cerceado na sua tarefa de aprender na família" (Chamat, 2003, p. 49)

Pensar a atuação psicopedagógica para além do indivíduo abrindo espaço para pensar a psicopedagogia em termos relacionais sistêmicos.

Considerações finais

O olhar e a escuta psicopedagógica clínica, através da família, possibilitam conhecimento e entendimento das dificuldades de aprendizagem do aprendente. A participação positiva e propositiva da família no processo de avaliação e intervenção psicopedagógica é de suma importância para o sucesso do atendimento.

Nosso entendimento, à luz dos autores apresentados, é que, para o avanço dos aprendizes na aquisição de habilidades que lhes possibilitem uma aprendizagem mais fluida, de acordo com suas dificuldades, há de ter uma maior participação da família nesse processo. Uma família que se envolva e se sinta como parte da solução. Uma família que saia do lugar da culpa para a responsabilização e, de uma forma ativa, busque mudanças. Uma família que possa abrir espaços para o aprender e que possa ir buscando uma compreensão das características e necessidades de seus filhos em cada fase de desenvolvimento.

A família desempenha um papel central no desenvolvimento emocional do adolescente. Ela é a principal referência que ele tem em sua formação, e a maneira como essa família lida com emoções e conflitos cotidianos influencia diretamente como o adolescente enfrentará seus próprios desafios. Quando o jovem está inserido em uma família que apresenta dificuldades em lidar com seus próprios conflitos, ele se torna mais vulnerável a vivenciar situações de sofrimento e a se preocupar com problemas emocionais.

No caso de F., essa dinâmica familiar agrava suas dificuldades escolares e emocionais. Ele se vê preso em um ciclo de expectativas frustradas, pressões desproporcionais e comparações que minam sua confiança, contribuindo para um cenário de insatisfação e desânimo. A falta de uma rede de apoio consistente e de uma compreensão genuína de suas necessidades e desafios impede que ele encontre o caminho para superar suas dificuldades, tornando sua jornada ainda mais árdua. À medida que não se sente valorizado e reconhecido pela sua família, afasta-se do desejo de se abrir para o processo de aprender.

> Muitas crianças, pré-adolescentes e adolescentes com histórias de fracasso escolar, tornam-se improdutivos devido

às marcas, traumas pela cobrança no seu processo de aprendizagem, advindos das relações no meio em que estavam inseridos (Duque, 2003, p. 82).

No caso da ASF, uma família que não o vê e não vê na escola possibilidades de desenvolvimento, que prioriza outras funções para desempenhar, que não fomenta seu crescimento, mas que fortalece uma passividade, que não acredita em seu potencial e que inibe o pensar, já que esconde informações, precisa ocultar detalhes de fato importante de sua vida.

Aponta-se aqui a necessidade de construção de parentalidade na família, buscando evitar que o adolescente possa a vir a ocupar outros lugares nesse sistema e ficando sem energia para cuidar e pensar nos temas próprios de sua idade.

Para a realização do trabalho junto às famílias, necessitamos da busca de outros suportes teóricos e abordagens, e a epistemologia sistêmica poderá auxiliar na construção das correlações entre os diferentes participantes do sistema, entendendo que cada um é autônomo, mas ao mesmo tempo interdependente.

A aquisição de um novo paradigma com a construção e aquisição de novos saberes para pensar o sujeito em todas as dimensões, os sistemas, a aprendizagem, distúrbios e significações dos pacientes adolescentes pode ser pautada pela escuta ativa de cada um, pela reflexão e construção conjunta dos significados a partir das narrativas individuais, da estrutura, crenças, valores, padrões de relação e comunicação da família, papel e função de cada um dos membros e do sistema.

As sessões com a família tornam-se um recurso para entendimento do sintoma e para a proposição de ações. Além disso, a comunicação com a família torna-se fundamental para realização de um trabalho de formação e informações com os pais sobre as características do desenvolvimento de acordo com a faixa etária, identificação de dificuldades e obstáculos e a busca dos processos facilitadores, das competências e saberes para que o processo de aprendizagem aconteça.

Pode-se também, em conjunto, estabelecer ações práticas e objetivas para a rotina do dia a dia, colaborando para uma melhor qualidade de vida tanto para o aprendente quanto para a família.

As pesquisas e observações realizadas durante os atendimentos evidenciaram uma lacuna no acompanhamento próximo do adolescente por parte das famílias. Muitas vezes, influenciados por valores e tradições familiares. Os cuidados são intensificados na infância, mas, ao chegarem à adolescência, espera-se que esses jovens saibam agir de forma autônoma, sem a necessidade de supervisão adulta próxima. Esse distanciamento ocorre, muitas vezes, por desconhecimento da importância desse acompanhamento ou por dificuldades no vínculo afetivo.

O projeto social pode, dessa forma, colaborar na formação dos psicopedagogos/supervisionados abrindo possibilidades de atuação com outro olhar, através da família, colaborando de forma significativa com o processo de aprendizagem de nossos adolescentes atendidos e suas famílias.

> Com os pais que trazem seu filho para a consulta, é sempre melhor abrir um espaço para pensar como pensam, o que fazem, em vez de discutir sobre o que fazer. E quando que fazer se impõe, abriremos um espaço para pensar como pensam "o que tem que fazer" (Fernández, 2001, p. 101).

Referências

ALVARENGA, P. A.; WEBER, L. N. D.; BOLSONI-SILVA, A. T. Cuidados parentais e desenvolvimento socioemocional na infância e na adolescência: uma perspectiva analítico-comportamental. **Revista Brasileira de Terapia Comportamental e Cognitiva**, Curitiba, v. 18, n. 1, p.13-17, 10 jun. 2016.

BARTHOLO, M. H. (org.). **Relatos do fazer psicopedagógico**. Rio de Janeiro: Instituto Noss, 2003.

CHAMAT, L. S. J. **Técnicas de diagnóstico psicopedagógico**. São Paulo: Vetor Editora, 2003.

DAVIM, R. M. B. *et al.* **Artigo de revisão Adolescente/adolescência**: revisão teórica sobre uma fase crítica da vida [Adolescent/adolescence: theoretic review about a critical stage of life; Adolescente/adolescencia: revisión teórica sobre una face crítica de la vida]. [*S. l.*: *s. n.*], 2009. Disponível em: https://repositorio.ufc.br/bitstream/riufc/12795/1/2009_art_rmbdavim.pdf. Acesso em: 8 abr. 2025.

DUQUE, M. H. S. Prazer na construção da escrita :Retratos de Família. *In*: BARTHOLO, M. H. (org.). **Relatos do Fazer Psicopedagógico.** Rio de Janeiro: Instituto Nos, 2003. p. 81-86.

FERNÁNDEZ, A. **Os idiomas do aprendente**: análise das modalidades ensinantes com famílias, escolas e meios de comunicação. Porto Alegre: Artmed, 2001.

FERNÁNDEZ, A. **A inteligência aprisionada**. Porto Alegre: Artmed, 2014.

PRATTA, E. M. M.; SANTOS, M. A. Família e adolescência: a influência do contexto familiar no desenvolvimento psicológico de seus membros. **Psicologia em Estudo**, Maringá, v. 12, n. 2, p. 247-256, ago. 2007.

A IMPORTÂNCIA DA CONSTRUÇÃO DO VÍNCULO AFETIVO NO PROCESSO DE AVALIAÇÃO PSICOPEDAGÓGICA E SUA RELEVÂNCIA PARA A ANAMNESE

Cristiane Pascoal Zouki
Sonia Regina Santos de Lucca

> *Há um tempo em que é preciso abandonar as roupas usadas, que já tem a forma do nosso corpo, e esquecer os nossos caminhos, que nos levam sempre aos mesmos lugares. É o tempo da travessia: e, se não ousarmos fazê-la, teremos ficado, para sempre, à margem de nós mesmos.*
>
> *(Fernando Pessoa)*

Introdução

O que nos compete neste capítulo é discorrer sobre o momento da anamnese que está atrelada, de maneira geral, a todo o processo de avaliação psicopedagógica, sendo realizada sob a ótica da relação empática, construindo uma base firme com a família, a escola e o psicopedagogo. Buscaremos argumentar a favor da necessidade de se colocar no lugar do outro, do respeito mútuo, da ação conjunta e, com isso, propiciar o crescimento de uma relação genuinamente vincular entre o psicopedagogo, a família e a instituição escolar. Ressaltamos a importância de compreender que, mesmo com as inúmeras atividades e testes padronizados, qualitativos e quantitativos, mesmo com todas as ferramentas que temos a nossa disposição atualmente, não alcançaremos nossos objetivos se não houver comprometimento real, uma postura afetuosa, colocando-nos genuinamente no lugar do outro.

Dessa forma, consideramos como posicionamento indispensável: estabelecer vínculos, abrir o canal de comunicação efetivamente, promovendo a escuta psicopedagógica em todos os sentidos, referindo-nos aqui aos sentidos e suas representações (ouvir, enxergar, tocar, degustar, inspirar); trilhar participando com empatia, com olhar profundamente voltado para o indivíduo integralmente, em uma visão holística e imersiva de sua realidade e suas potencialidades que podem florescer, tornando a aprendizagem símbolo de realização pessoal.

Vamos nos apoiar no brilhante referencial teórico de autoras contemporâneas como: Alicia Fernández, Maria Lúcia Lemme Weiss, Sara Paín, Simaia Sampaio, contemplando Jorge Visca e textos clássicos de autores como Donald Winnicott, Pichon-Rivière e Lev Vygotsky e Marta Khol de Oliveira.

A anamnese vincular dentro do processo psicopedagógico

A Psicopedagogia como ciência permeia a área interdisciplinar que une conhecimentos da Psicologia, Psicanálise, Pedagogia, Filosofia e área médica buscando entender e promover o processo de aprendizagem de indivíduos em diferentes contextos. O psicopedagogo busca identificar as dificuldades de aprendizagem e propor estratégias que possam facilitar o desenvolvimento cognitivo e emocional promovendo a aprendizagem significativa, na qual o indivíduo consiga ter suas necessidades atendidas e possa prosperar em sua jornada educacional, social e pessoal.

Durante o processo de Avaliação Diagnóstica Psicopedagógica, a anamnese é um dos instrumentos fundamentais. Através das informações obtidas na anamnese, conheceremos a trajetória de vida do sujeito, as experiências vividas desde o seu nascimento. Esse é o momento que adentramos a sua história, a intimidade de sua rotina, suas conquistas e derrotas, a função de cada personagem no palco de sua existência. Segundo Sampaio (2024, p. 143), "A anamnese é uma das peças fundamentais deste quebra-cabeça que é o diagnóstico, pois, por meio dela, nos serão reveladas informações do passado e do presente do sujeito juntamente com as variáveis existentes em seu meio". Na visão de Maria Lúcia L. Weiss:

> Considero a entrevista de anamnese como um dos pontos cruciais de um bom diagnóstico. É ela que possibilita a

> integração das dimensões de passado, presente e futuro do paciente, permitindo perceber a construção ou não de sua própria continuidade e das diferentes gerações, ou seja, é uma anamnese da família. A visão familiar da história de vida do paciente traz em seu bojo seus preconceitos, normas, expectativas, a circulação dos afetos e do conhecimento, além do peso das gerações anteriores que é depositado sobre o paciente (Weiss, 2020 p. 61).

As informações trazidas pela família durante a anamnese nos permitem observar sua dinâmica familiar e social, colocam o profissional em contato com as dificuldades enfrentadas pelo sujeito em vários aspectos desde o início de sua história de vida vinculado a um grupo social. De acordo com Sampaio (2024, p. 143), "Observaremos a visão da família, as críticas, os preconceitos e tudo aquilo que é depositado sobre o sujeito".

A conduta da avaliação psicopedagógica é permeada pelos valores morais, sociais e psicossociais do sujeito. Consideramos adentrar conhecimentos como: panorama de vida, as interações com o meio, composição familiar, a rotina diária em casa e na escola. Toda a estrutura utilizada no processo de entendimento sobre o porquê das dificuldades de aprendizagem apresentadas pelo paciente e/ou pela família inicia-se com a coleta de dados ofertados por todos os indivíduos que participam da vida do paciente: mãe, pai, irmãos, além de outros familiares que sejam pertinentes.

Weiss (2002) apresenta a relevância do conteúdo detalhado oferecido pelos pais, em especial, informações desde o momento da concepção da ideia da parentalidade, que chega muitas vezes sem que o casal tenha se planejado.

> A história do paciente começa no momento da concepção: foi filho desejado? acidental e querido? acidental perturbador da vida do casal e indesejado? Esse aspecto, determina muitos outros pontos posteriores da vida do sujeito, pois define a situação afetiva dos pais em relação ao futuro do filho (Weiss, 2020, p. 71).

Sara Paín (1985, p. 42) aponta o momento de conhecer a história vital do sujeito. "A história vital nos proverá com uma série de dados relativamente objetivos vinculados às condições atuais do problema, permitindo-nos, simultaneamente, detectar o grau de individualização que a criança tem com relação à mãe e a conservação de sua história nela". Nesse contexto a mãe é detentora, quando esta está presente, de esclarecimentos específicos, sobre a gestação, como: pré-natal, perinatal e neonatal, além de outras questões relacionadas à maternidade, referentes ao cuidado diário com o bebê.

Ao tratar da presença da matriarca na história vital do bebê, e o relato apresentado por ela, podemos esperar reviver com a mãe emoções, passagens felizes e dolorosas. Estabelecer o vínculo de confiança e uma postura acolhedora é essencial. Mesmo necessitando de dados bem estruturados, permeados por questionários para nossa pesquisa, é importante deixar a família à vontade para refletir sobre pontos importantes como: início e características do processo de aprendizagem em consonância com experiência escolar, evolução da saúde física e mental, traumas, perdas, enfim, acontecimentos marcantes na vida da criança e do grupo familiar.

> Caso a mãe se mostre muito lacônica, confusa ou reticente, fecham-se um pouco as perguntas ou, então, inclui-se afetuosamente a mãe no relato, interessando-se pelas suas próprias experiências nos momentos nos quais deseja revivê-las, por exemplo, "você tinha em quem confiar?", "quem a ajudava"; muitas vezes a mãe entende que tal frase é um convite para corrigir certas experiências e recuperar delas níveis de satisfação sepultadas pelo rancor da carência, neste momento em que lhe oferecemos a garantia da compreensão. Em outro extremo poderemos encontrar uma mãe verborreica, que nos inunda com circunstâncias e anedotas, tecendo uma cortina de confusão que não permite aproximarmo-nos do sujeito de nosso estudo (Paín, 1985, p. 43).

No contexto da prática psicopedagógica na anamnese, ilustramos o caso de A., 7 anos, segundo ano do Ensino Fundamental I (EFI), criança atendida pelo Projeto Social Sementes do Amanhã. A mãe chegou à Associação Brasileira de Psicopedagogia Seção São Paulo (ABPp SP) por intermédio de outra mãe também participante do projeto. A família se mostrou amparada com a oportunidade de receber ajuda para o filho. A mãe buscou atendimento psicopedagógico, ao observar dificuldades de leitura e escrita, além de dispersão durante as atividades em sala de aula, apontadas pela escola e pela observação da rotina em casa.

Durante a anamnese a mãe relatou que a gravidez não foi planejada, sendo a gestação acompanhada pelo Sistema Único de Saúde (SUS) com diferentes equipes médicas. Com isso, o atendimento pré-natal não foi satisfatório, descobrindo-se uma diabetes gestacional ao fim da gestação, e, por não ter conhecimento dessa diabetes, não se fez nenhum tipo de controle. Segundo a mãe, o parto foi traumático, relatando ter sofrido violência obstétrica para que o bebê fosse retirado com vida. O bebê não estava respirando (sem choro) no momento do nascimento, tendo sido realizada massagem cardíaca com uso de adrenalina, e sendo encaminhado para Unidade de Terapia Intensiva (UTI) Neonatal, onde foi realizada a sucção de líquido pulmonar.

A mãe recebeu alta após três dias, mas o bebê, com comprometimento cardíaco e pulmonar, ficou 21 dias internado na UTI, estando em sedação por 18 dias. A criança apresentou três sopros cardíacos, pulmão com obstrução por alguns meses e plaquetas baixas em exames de sangue. O bebê saiu da UTI com 21 dias e foi para o quarto no hospital por mais 7 dias, até receber alta do hospital. Em meio a esse quadro, a mãe nos disse que conseguiu segurar seu filho apenas depois que o bebê teve alta da sedação, no 19º dia do nascimento. No primeiro ano de vida, a criança fez acompanhamento com pediatra, sendo que os três sopros no coração desapareceram aos 6 meses de vida, mas, quanto ao pulmão, por ocasião do relato, a mãe indicou que seu filho ainda apresentava problemas respiratórios leves.

Nesse histórico que acabamos de apresentar, cabe um reforço e reflexão sobre a importância do acolhimento e empatia: durante o discurso, a mãe demonstrou-se emocionada, sensível ao próprio discurso. Como ela mesma disse: "Foi como se estivesse revivendo tudo novamente". Oferecer à família um espaço seguro, a confiança da compreensão e validação dos sentimentos, faz com que todos os envolvidos se sintam mais confiantes. Sempre conscientes da busca por conceitos e conhecimentos teóricos vitais na construção da avaliação.

Ao apresentar o referencial teórico de ação psicopedagógica que fundamenta este estudo, trazemos a contribuição de Donald Winnicott sobre a relação maternal, a partir de uma concepção relacional saudável, que deveria ser o esperado, se acontece de forma positiva, quando a mãe é capaz de atender as necessidades do bebê e pode desenvolver seu papel. A construção do vínculo afetivo naturalmente deve aflorar desde a ideia da concepção de uma nova vida. No nascimento, principalmente a mãe e o bebê iniciam uma relação afetiva simbiótica. Enquanto a mãe o alimenta, acaricia e atende suas necessidades, passa segurança para o bebê, formando laços afetivos.

> Por causa dessa identificação com o bebê elas mais ou menos sabem do que ele necessita. Refiro-me as coisas vitais, como

> ser segurado ao colo, mudado de lado, deitado e levantado, ser acariciado, e naturalmente ser alimentado de um modo sensato, o que envolve mais do que a satisfação de um instinto. Tudo isso facilita os estágios iniciais das tendências integrativas do lactente e o começo da integração do ego. Pode-se dizer que a mãe torna o fraco ego do bebê em um forte, porque está lá, reforçando tudo, como a suspensão hidráulica de um ônibus (Winnicott, 1983, p. 67).

Os estudos de Winnicott acerca dos processos de maturação e socialização do indivíduo relatam o caminho do bebê da dependência absoluta para a independência, valorizando o papel da mãe, na formação física e cognitiva, descrevendo as etapas do desenvolvimento da criança e a relação inicial com a mãe, seguido do núcleo familiar primário, rumo à construção de novas relações. Segundo Winnicott (1983, p. 80), "O valor dessa abordagem é que ela nos permite discutir os valores pessoais e ambientais". O autor classifica essa evolução do ego e do *self* (a essência/totalidade do sujeito) em três categorias: dependência absoluta, dependência relativa e rumo à independência.

Para Winnicott (1983), a criança inicialmente se encontra sob dependência absoluta, necessitando totalmente dos cuidados maternos. A mãe, ao experimentar o estado que o autor descreve como "**preocupação materna primária**", conseguirá satisfatoriamente se identificar com o bebê e atender as suas necessidades vitais, com empatia em uma relação mútua de codependência, ou seja, um existe pelo outro.

Com isso, por volta dos 2 anos de idade, o bebê vai gradativamente passando pelos processos de maturação e, com isso, deixando essa situação de total dependência para uma dependência relativa, na qual não necessita mais completamente dos cuidados maternos. Inicia-se, então, a terceira categoria, em que a criança se torna mais independente, com o advento de novas interações sociais, da fase pré-escolar e da maturidade de aspectos motores, da fala e da compreensão do *self*, assumindo controle de acontecimentos externos. Entretanto, o autor aponta que a independência nunca será total. Para Winnicott (1983, p. 80), "A independência nunca é absoluta. O indivíduo normal não se torna isolado, mas se torna relacionado ao ambiente de um modo que se pode dizer ser indivíduo e ambiente interdependentes".

Tendo em vista conjunção entre a relação vincular com o desempenho satisfatório da anamnese na conduta do psicopedagogo, não há dúvidas em elencar como decisivo o papel da figura materna. A realidade do déficit de aprendizagem permeia questões familiares intrínsecas: complicações na gestação, conflitos, brigas, dificuldade econômica, problemas de saúde física e mental, que contribuem, segundo apontam diversos estudos, para o baixo rendimento escolar das crianças. Além disso: famílias que "[...] mascaram a realidade, por medo de sofrer acusações ou sentir que fracassaram, ou ainda pais que apontam a falha no outro, na escola, na professora, na instituição. Outros, pela baixa autoestima devido à realidade sociocultural e econômica na qual estão inseridos, podem agir com reclusão".

Sendo assim, colocamos como conduta assertiva no processo ouvir não apenas um responsável pela criança, mas também outros integrantes da família durante a anamnese. Além de ambos os pais, se for necessário, podemos conversar com irmãos, tios, avós. Segundo Alicia Fernández (1991, p. 181), "Deixamos a critério da equipe, de acordo com a situação que perceba, realizar a anamnese com a mãe somente ou com ambos os pais". Nesta ocasião teremos a oportunidade de comparar discursos, verificar se há omissões de fatos nos relatos dos familiares, de um indivíduo para outro, por medo de serem julgados, por insegurança ou vergonha.

Portanto a abertura da comunicação com a família e o olhar do psicopedagogo com atenção e cautela são imprescindíveis, o que pode levar à necessidade de mais de uma sessão de anamnese por família. A estrutura do roteiro de perguntas dessa etapa do processo pode diferir de acordo com a realidade da família atendida. Apresentamos a seguir o que pode ser um possível roteiro para os psicopedagogos.

Quais informações são importantes no processo de anamnese da avaliação psicopedagógica?

Primeiro é oportuno salientar que não há um padrão único de anamnese; esse material pode sofrer alterações quando o profissional julgar necessário, fazendo as adaptações pertinentes. Entretanto é importante que esse formulário contenha informações detalhadas sobre histórico da vida do sujeito e do principal componente para o trabalho do psicopedagogo, a trajetória acadêmica do paciente.

Dentro do processo diagnóstico, a opção pela sessão destinada à anamnese pode mudar de acordo com a abordagem teórica adotada existem profissionais que optam por iniciar a avaliação com as informações obtidas pela anamnese, guiando-se a partir do repertório apresentado pelos familiares. Autores como Simaia Sampaio, com embasamento na **teoria convergente de Jorge Visca** e Sara Paín, discorrem acerca da escolha sobre a aplicação da anamnese após a entrevista contratual com a família, e/ou após o contato inicial com a criança na sessão lúdica, ou até mesmo após a aplicação de provas ou testes.

Segundo Simaia Sampaio (2024, p. 19), "Os profissionais que optam pela linha da Epistemologia Convergente realizam a anamnese após as provas para que não haja 'contaminação'; essa postura evita que informações apresentadas pela família venham a influenciar e interferir na conduta do profissional".

Sara Paín também aponta a escolha por conhecer primeiro o paciente antes de iniciar a anamnese:

> É conveniente realizá-la depois de conhecer um pouco o paciente por meio da hora do jogo e de algumas provas psicométricas, a fim de orientar o interrogatório para aquelas áreas mais relevantes e de não abrir oportunidade à emergência de ansiedades e deslocamentos (Paín, 1985, p. 42).

Registra-se detalhadamente a relação do aluno com a escola, quando trabalhamos com crianças em fase escolar, no atendimento clínico dessa natureza. Observa-se a conduta acadêmica e social, assim como o comportamento na escola com os colegas e professores e os discursos entre a família e a escola — atentando-se para as informações que obtemos em consonância com os profissionais (professores, orientadores, coordenadores, entre outros) e aos discursos que os pais trazem sobre a escola e vice-versa, durante todo o andamento da avaliação.

> Uma família pode ver-se alterada porque uma professora é muito rigorosa e outra porque a professora não é o suficiente; para alguns, a professora presta um serviço; para outros exerce um comando. Concluindo, interessa-nos saber o que é a escola para esta família, em particular, que função cumpre dentro das expectativas do grupo, qual é a representação do mundo em que a escola adquire sentido e, portanto, até que ponto este sentido se ressente (re-sente) em função da dificuldade da criança (Paín, 1985, p. 50).

Em toda a dinâmica, para obtenção do maior número possível de dados, informações diretas ou indiretas, objetivas e subjetivas devem ser anotadas e destacadas. As possíveis dúvidas, sanadas com as famílias. A análise realizada, com apoio dos recursos e estratégias disponíveis para psicopedagogos. O ambiente deve ser tranquilo, calmo, que estimule a liberdade para uma conversa produtiva. Como descrito anteriormente, devido à intensidade dessa dinâmica, muitas vezes há a necessidade de um período maior para concluir a anamnese, levando à possibilidade de haver mais de um encontro.

Contamos com o apoio da ABPp Nacional, através de recursos como: artigos, reflexões e cursos que nos auxiliam em todas as etapas do processo de avaliação e intervenção. Assim, como sugestão para o repertório da anamnese na conduta psicopedagógica, elencamos os elementos a seguir.

1. Dados pessoais

- Nome completo e data de nascimento
- Nome dos pais e irmãos (se houver)
- Escolaridade

2. Motivo da avaliação

- Queixa da família, escuta atenta

3. Histórico pessoal e clínico

- Gestação (pré-natal, perinatal e neonatal)
- Gravidez desejada
- Informações sobre as fases do desenvolvimento
- Controle dos esfíncteres
- Alimentação
- Sono
- Desenvolvimento da linguagem

- Doenças na família
- Vacinas
- Presença de bilinguismo em casa
- Desenvolvimento psicomotor
- Sexualidade
- Comportamento
- Apresenta tiques

4. Histórico escolar

- Lateralidade
- Desenvolvimento psicomotor: recortar, segurar o lápis
- Leitura e escrita: nível da alfabetização
- Reconhecimento de cores, números, letras,
- Socialização: vivência na escola em sala e no pátio
- Se enxerga e escuta bem em sala
- Se grava ou esquece o que aprende
- Atenção
- Concentração
- Dados atuais na escola: nome da professora, série
- Nome dos amigos da escola: amizade consistente
- Método de alfabetização
- Se mudou muito de professores ou de escola

5. Informações familiares

- Dinâmica familiar

- Rotina

- Modalidades do processo de aprendizagem: processo assimilativo acomodativo-hipoassimilativo

Torna-se necessário compreender que a anamnese, para a Psicopedagogia, é um poderoso instrumento avaliativo, não apenas um questionário, pois penetramos um núcleo familiar, nós nos apropriamos de informações confidenciais, que devem ser norteadas pela prática psicopedagógica embasada em estudos aprofundados, determinando a escolha dos instrumentos pontuais e repertório a ser seguido.

> Não me parece proveitoso transformar a anamnese num simples "questionário" de dados sequenciais do desenvolvimento numa possível comparação com alguma escala, embora o conhecimento do desenvolvimento normal do ser humano em suas diferentes áreas seja importante como referencial. Paralelamente à sequência do "quando", existe um aprofundamento essencial do "como". É preciso não se perder a continuidade da construção do paciente, mas ao mesmo tempo, alargando ao máximo a compreensão de certos momentos fundamentais dessa história de vida, ou, dito de outro modo, são momentos de extensa horizontalidade ao longo da penetração na verticalidade de cada um (Weiss, 2020, p. 63).

Quando nos apropriamos das informações vitais que devem estar presentes em nossa jornada investigativa para desenvolver a anamnese, compreende-se quanto se deve estruturar essa etapa do atendimento psicopedagógico com um olhar sistêmico. Deve-se observar a relação paciente, família, grupo social, em que incluímos fundamentalmente a escola e a visão do psicopedagogo, e a partir desse grupo contextualizar nossas ações. Iremos, assim, adentrar um território que impacta nossa experiência individual como profissionais. O vínculo que buscamos criar com a família-núcleo, como abordamos anteriormente, se estende para todos os envolvidos no processo, uma rede de apoio que se torna mais coerente e fortalecida.

Vínculo que nutre a relação: paciente, psicopedagogo, família, escola

Começamos retomando o conceito de Alicia Fernández, apresentando a Escuta e o Olhar na psicopedagogia, em que a autora reflete sobre o estabelecimento de uma relação genuína de escuta, de reciprocidade entre o profissional e o paciente.

> A intervenção do psicopedagogo, no primeiro momento da relação com o paciente, supõe escutar-olhar e nada mais. Escutar não é sinônimo de ficar em silêncio, como olhar não é ter os olhos abertos. Escutar, receber, aceitar, abrir-se, permitir, impregnar-se.
>
> Olhar, seguir, procurar, incluir-se, interessar-se, acompanhar.
>
> O escutar e o olhar do terapeuta vão permitir ao paciente falar e ser reconhecido, a ao terapeuta compreender a mensagem (Fernández, 1991, p. 131).

A conexão através do vínculo e empatia engrandece a pesquisa, estimula o levantamento de hipóteses, a busca de recursos variados para as sessões, enaltece nosso olhar e ressignifica o conhecimento. Alicia Fernández (1991, p. 130), ao descrever "[...] o saber psicopedagógico, relata que o saber psicopedagógico se obtém a partir de duas vertentes, da experiência, "mergulhando na tarefa", e pelo tratamento psicopedagógico didático. Posicionando-se como observador ou como juiz é muito difícil contatar o saber". A autora aborda a importância do espaço da autoanálise:

> Um espaço importante de gestação psicopedagógica é o trabalho de autoanálise das próprias dificuldades e possibilidades no aprender, pois a formação do psicopedagogo, assim como requer transmissão de conhecimentos e teorias, também requer um espaço para construção de um olhar e uma escuta psicopedagógicos a partir de uma análise de seu próprio aprender.
>
> O que um pretende fazer a outro, tem que praticar consigo mesmo, contatar com as próprias fraturas na aprendizagem, com a história de aprendizagem pessoal, com as personagens *ensinantes e aprendentes* de si mesmo, e ver como jogaram e seguem atuando (Fernández, 1991, p. 130).

A relação que temos com a aprendizagem justifica afirmar que a transformação acontece, modifica e interfere na visão de mundo de todos os envolvidos no processo avaliativo. Ao assumir a posição de observar, acolher e receber informações, estas por vezes nos impactam, fazendo-nos reviver memórias e lembranças próprias. Torna-se importante para o psicopedagogo seguir a conduta do autocuidado em relação às próprias experiências, através de apoio de leituras e trocas de vivências com outros profissionais.

Enrique Pichon-Rivière (1998, p. 3), em sua obra sobre a teoria do vínculo, define

> [...] o vínculo como uma estrutura dinâmica em movimento constante, que engloba tanto o sujeito quanto o objeto, tendo essa estrutura características consideradas normais e alterações interpretadas como patológicas.

A maneira individual que cada pessoa tem de se relacionar com o outro promove sua especificidade com cada objeto ou sujeito conforme a situação e o momento. As experiências precoces, especialmente no ambiente familiar, moldam os vínculos futuros e influenciam a capacidade do indivíduo de se adaptar e transformar.

Pichon-Riviére (1998, p. 5) pontua que em nenhum paciente encontraremos um único tipo de vínculo, tendo em vista que, em sua história de vida familiar e de interação com grupos sociais, vão se formando diversos tipos de vínculos, e, assim, "todas as relações de objetos e todas as relações estabelecidas com o mundo são mistas". O autor salienta que o indivíduo "pode estabelecer de um lado, um vínculo paranoico, e, por outro, um vínculo normal, depressivo, etc.".

O autor apresenta três dimensões de investigação do indivíduo com relação ao vínculo, que nos fornece uma compreensão significativa a respeito desse tema. Segundo Pichon- Rivière:

> A investigação psicossocial analisa a parte do sujeito que se expressa para fora, que se dirige aos diferentes membros que o rodeiam, enquanto que o estudo sociodinâmico analisa as diversas tensões existentes entre todos os membros que configuram a estrutura do grupo familiar dentro do qual o paciente está incluído. A análise institucional consiste na investigação dos grandes grupos: sua estrutura, origem, composição, história, economia, política, ideologia etc (Pichon-Riviére, 1998, p. 27).

Sabemos que as interações sociais vão moldando a personalidade do indivíduo de maneira mais ou menos saudável, de acordo com a qualidade da integração social nos diferentes grupos com o qual o ser social se relaciona. Isso se revela na passagem do processo de avaliação do paciente A., em que a emoção tomou conta da mãe em seu relato pessoal acerca da convivência e intimidade com a criança. A mãe dividiu a dificuldade que sentia em oferecer carinho físico.

O contato físico estava ameaçado por lembranças de acontecimentos dolorosos, vividos por ela, que faziam com que fosse difícil abraçar e beijar o filho. A mãe demonstrou sua fragilidade e disse estar consciente da necessidade de buscar apoio para ajudar a compreender essa questão emocional, e foi direcionada para esse cuidado durante as sessões.

Dentro do processo de avaliação psicopedagógica, não nos compete interferir diretamente em campos correlatos, como psicologia, psicanálise, enfim, em terapias específicas; porém é nosso papel direcionar o paciente e familiares para outros profissionais da área da saúde física e emocional. Forma-se, nessa perspectiva, uma rede mútua de vínculos, dentro de uma visão de trabalho multidisciplinar.

A Psicopedagogia trabalha as dificuldades de aprendizagem em vários níveis, em diversos espaços, desde o atendimento clínico, a hospitais e instituições, com apoio e embasamento de vários profissionais e suporte teórico. O déficit de aprendizagem não aparece apenas na tenra idade. Jovens, adultos e idosos podem se beneficiar de atendimento para minimizar e sanar entraves na relação ensino e aprendizagem. Entretanto, o maior desafio está na intervenção escolar, que é a instituição mais importante na vida da criança depois da família.

A referência do vínculo com a escola é tão importante quanto com relação à família. Sabe-se que a qualidade dessa interação tem efeito direto no desenvolvimento da criança. Esse é um tema apontado por muitos escritores que discorreram com preocupação sobre a importância dessa instituição na formação da criança como ser social e, por consequência, como cidadão. Segundo Weiss:

> A maioria avassaladora das questões escolares está ligada aos vínculos inadequados com os objetos escolares, com as situações escolares e com a aprendizagem formal- vínculos esses construídos pela criança ao longo de sua história de vida familiar e escolar, pelas questões de educação no

> cotidiano da vida familiar, na interiorização dos limites psicossociais, na construção da baixa resistência às frustrações vividas no dia a dia (Weiss, 2020, p. 15).

O contato do psicopedagogo com a escola é determinante para o sucesso da avaliação e intervenção psicopedagógica. Ilustrando esse aspecto, trazemos novamente a devolutiva obtida pela escola no caso de A. Inicialmente a família mantinha uma comunicação obstruída, o contato estava minimizado, a mãe tinha dúvidas com relação às devolutivas dadas pela escola em reuniões e sentia que a informações não estavam chegando verdadeiramente. A. se envolvia constantemente em brigas no intervalo, além das dificuldades em se manter sentado em sala de aula, falta de atenção e dificuldades de leitura e escrita. Ao conversar com a família, descobriu-se que A. também havia demonstrado o mesmo tipo de comportamento na escola anterior. A família estava decidida a mudar mais uma vez a criança de escola, e culpava a equipe escolar pelo comportamento da criança.

Com o início dos atendimentos psicopedagógicos, foi estabelecida a ampliação do diálogo entre psicopedagogo, escola e família, o que transformou a opinião dos pais sobre o desempenho da escola. A família, então, reviu a decisão e resolveu aguardar o ano letivo seguinte. Os sinais de hostilidade entre família e escola foram minimizados. A instituição escolar, disposta a ajudar a criança, auxiliou a mãe com os profissionais de saúde indicados pela psicopedagoga e, além de oferecer uma sala na escola para as intervenções psicopedagógicas para A., abriu esse espaço para futuros pacientes, alunos do colégio, ação que se tornou possível a partir do Projeto Social Sementes do Amanhã, da ABPp.

Essa experiência reforça a constatação sobre a importância da atuação multidisciplinar, do trabalho enriquecido, quando há troca de experiências, quando há vínculo positivo. E o diálogo se torna um forte aliado na tentativa de lutar por uma relação mais saudável para todos.

Há que se falar também da importância do papel transformador da escola, que ainda esbarra em problemas sociais, culturais e econômicos. Sara Paín (1985), ao se referir à representação da escola para família e sociedade de maneira geral, aponta:

> A escola pode ser, para a família "o segundo lar", "um depósito de crianças", o lugar onde "os colocam na linha ", uma prisão, um mal necessário, um bem apreciado no sentido

> da sua utilidade para o dia de amanhã, o lugar onde se encontram com outras crianças, onde aprendem a obedecer, onde aprendem a defender-se etc (Paín, 1985, p. 50).

Diante do texto de Sara Paín, podemos verificar quanto essa mistura cognitiva, cultural e social está a todo momento direcionando ações e opiniões, entranhadas no senso comum. E quanto se torna necessário o trabalho de profissionais da educação, como psicopedagogos, para reverter a realidade do contexto de aprendizagem e a representação da escola atualmente. É preciso reconhecer o peso cultural e cotidiano de nossa conduta em sociedade, que alimenta o pensamento crítico com a capacidade de compreender o olhar do outro e trabalhar esse olhar com pacientes, familiares e escola.

No que se refere especificamente à aprendizagem, gostaríamos de trazer a autora Marta Kohl de Oliveira (1993), que descreve o trabalho de Lev Vygotsky e o impacto de suas obras na educação, oferecendo uma compreensão profunda sobre como o aprendizado ocorre e como o ambiente influencia o desenvolvimento cognitivo e social da criança. A teoria de Vygotsky enfatiza a importância do contexto sociocultural e da interação social na construção do conhecimento, destacando que o aprendizado é um processo mediado e colaborativo. Como bem ressalta essa autora, essa ideia:

> [...] é fundamental na teoria de Vygotsky porque ele atribui importância extrema à interação no processo de construção das funções psicológicas humanas. O desenvolvimento individual se dá num ambiente social determinado e a relação com o outro nas diversas esferas e níveis da atividade humana é essencial para construção do ser psicológico individual (Oliveira, 1993, p. 60).

Um dos conceitos mais influentes de Vygotsky é a **Zona de Desenvolvimento Proximal (ZDP)**, a partir da postulação dos níveis real e potencial, ou seja, o que a criança já realiza de maneira independente e o que ela realiza com o auxílio de um adulto ou indivíduos mais capazes de realizar naquele momento determinadas tarefas ou problemas. O conceito de ZDP abrange: aquilo que criança faz hoje com a ajuda de alguém conseguirá fazer sozinha no futuro, dentro de uma relação constante mediada pelos indivíduos com quem convive. "A zona de desenvolvimento proximal, é, pois, um domínio psicológico, em constante transformação, que deve ser estimulada na escola pelos professores" (Oliveira, 1993, p. 60).

O professor tem o papel de mediar a aprendizagem, respeitando a relação da criança com o aprendizado, além da consideração à importância da interação com os colegas, o que, nos estudos de Vygotsky, abarca a reflexão acerca dos processos gerais de interações no ambiente escolar, quanto essas interações vão se transformando em vínculos duradouros ou não, mas perpassando e influenciando a história de vida do indivíduo.

> Se o aprendizado impulsiona o desenvolvimento, então a escola tem um papel essencial na construção do ser psicológico adulto dos indivíduos que vivem em sociedades escolarizadas (Oliveira, 1993, p. 61).

Os estudos de Vygotsky iluminam a compreensão do papel da interação na escola, para o crescimento espacial, motor e comunicacional da criança. Enfatizam os textos que refletem a interdependência do sujeito, que apreende pelas trocas constantes com o universo que o rodeia e forma vínculos dinâmicos e determinantes para sua sobrevivência.

Reflexão final

Nas leituras realizadas e aqui apresentadas para a construção deste capítulo do livro, referente ao Projeto Sementes do Amanhã, da Associação Brasileira de Psicopedagogia, buscamos refletir sobre a importância fundamental da anamnese psicopedagógica, nutrida pela relação vincular com: paciente, psicopedagogo, família, escola. No processo de avaliação, reúnem-se materiais padronizados, e contamos com testes em constante evolução; entretanto, o que buscamos abordar é a valorização das relações humanas em primeira instância.

Percebe-se que vínculos permeiam toda construção e continuidade das relações do indivíduo com o mundo. É através dos olhos voltados para interações sociais que enxergamos o outro. Ninguém escapa às configurações inerentes aos novos modelos de aprendizagem, condutas, estilos de vida e formas de comunicação que observamos em nosso presente. Se todas essas mudanças são positivas ou não, fica a pergunta. O futuro parece nos reservar uma dinâmica de ensino e aprendizagem muito mais embasada em conceitos e aparatos tecnológicos; e, como profissionais da educação e para educação, acompanhar esse processo é fundamental.

De igual modo, é fundamental valorizar as semelhanças e diferenças em um mundo globalizado, no qual cada ser é único e merece respeito por sê-lo, que traz a agitação constante das mídias, das diferenças socioeconômicas, dos rótulos, entre tantas outras questões presentes em nossa atualidade, que desafiam a educação e, por consequência, o psicopedagogo.

As barreiras nos métodos de ensino do passado e presente saltam aos olhos, e por isso a presença do psicopedagogo se faz necessária, vindo para desatar o nó que prende, trava o sujeito, imobilizando-o, e dificultando a aprendizagem. O olhar psicopedagógico, empático, fortalecido pelo vínculo, pela rede de apoio que o cerca, traz esperança para aquele que não consegue ler o mundo, para aquele que não consegue escrever sua própria história.

Referências

FERNÁNDEZ, A. **A inteligência aprisionada**. Porto Alegre: Artmed, 1991.

OLIVEIRA, M. K. **Vygotsky**: aprendizado e desenvolvimento. Um processo sócio-histórico. São Paulo: Scipione, 1993.

PAÍN, S. **Diagnóstico e tratamento dos problemas de aprendizagem**. Tradução de Ana Maria Netto Machado. Porto Alegre: Artmed, 1985.

PICHON-RIVIÈRE, E. **Teoria do vínculo**. 6. ed. São Paulo: Ed. Martins Fontes, 1998.

SAMPAIO, S. **Manual prático do diagnóstico psicopedagógico clínico**. 8. ed. Rio de Janeiro: Wak, 2024.

WEISS, M. L. L. **Psicopedagogia clínica**: uma visão diagnóstica dos problemas de aprendizagem escolar. 14. ed. Rio de Janeiro: DP&A, 2020.

WINNICOTT, D. W. **O ambiente e os processos de maturação**: estudos sobre a teoria do desenvolvimento emocional. Tradução de Irineo Constantino Schuch Ortiz. Porto Alegre: Artes Médicas, 1983.

A AMPLIAÇÃO DO FAZER PSICOPEDAGÓGICO COM A ESCUTA DO APRENDENTE

Valéria Rivellino Lourenzo
Carla Gonçalves Jaquetto

Introdução

Minha trajetória na psicopedagogia[1] começou há cerca de 16 anos, quando dei os primeiros passos na área de treinamento e desenvolvimento no meio empresarial. A temática da aprendizagem sempre exerceu um fascínio sobre mim. Com o tempo, essa paixão impulsionou o aprofundamento do meu conhecimento e passei a me dedicar a estudos e especializações na área da aprendizagem.

Durante a formação em psicopedagogia, tive a oportunidade de atender uma criança que enfrentava dificuldades de aprendizagem e foi nesse momento que me percebi verdadeiramente conectada à área. A minha história de vida pessoal, permeada por desafios relacionados ao processo de aprender, ampliou minha empatia e compreensão sobre os problemas enfrentados pelos estudantes.

Buscando formas de ampliar minha visão e atuação como psicopedagoga, ingressei no Projeto Social promovido pela Associação Brasileira de Psicopedagogia Seção São Paulo (ABPp SP). Esse projeto representa uma oportunidade ímpar de contribuir com o desenvolvimento de indivíduos que precisam de acompanhamento psicopedagógico e não têm condições de arcar financeiramente com essa ajuda, permitindo que tenham acesso a atendimentos qualificados, sob a supervisão de um psicopedagogo titular.

Minha jornada nesse projeto social gerou uma profunda reflexão sobre as nuances que envolvem o processo de aprendizado. A cada supervisão, fui desafiada a expandir meu olhar buscando compreender

---

[1] Carla Gonçalves Jaquetto.

não apenas o conteúdo das atividades propostas, mas principalmente as singularidades de cada indivíduo que se apresentava diante de mim.

Pelo fato da minha trajetória profissional ser em ambiente corporativo onde as demandas e prazos são práticas corriqueiras e de outras naturezas, os atendimentos como psicopedagoga conduziram-me para desafios significativos. A formação e a experiência em processos de alta pressão, com foco em resultados e metas a serem cumpridas em um curto espaço de tempo, tornavam minha visão estreita sobre o processo de intervenção psicopedagógica, uma vez que a abordagem que eu privilegiava era a eficiência e a entrega de resultados concretos e objetivos.

Cada aprendente era visto como um desafio a ser superado por mim, e meu planejamento era detalhado e focado nas atividades que deveriam ser realizadas. Contudo, ao priorizar o cumprimento de cada etapa do meu plano de intervenção, limitava a mim mesma a possibilidade de uma escuta ativa e profunda do aprendiz, tão vitais para o processo de intervenção dos problemas de aprendizagem. Ao limitar meu olhar e minha escuta, perdia a oportunidade de me conectar com a singularidade de cada história e experiência vivida, reconhecer as potencialidades, perceber as barreiras que impedem o avanço, descobrir e analisar as dificuldades e encontrar caminhos que favorecessem não só a aprendizagem acadêmica, mas a autoria e a autonomia no processo de aprender.

Nesse contexto percebi que a aprendizagem, com toda a sua complexidade, não se restringe a técnicas e metodologias; ela enreda-se nas emoções, nas vivências e nos contextos sociais e familiares de cada um. Assim, fui assumindo o papel de psicopedagoga, "que, dentre outras coisas, deve pensar nos modos de pensar" (Fernández, 2001, p. 54).

Busquei desenvolver uma escuta atenta, empática e acolhedora, permitindo que essas histórias pessoais emergissem durante os atendimentos aos pacientes. Ainda segundo Fernández (2001, p. 50), há: "um modo de ler as situações e de intervir (vir 'entre') sem interferir (ferir-entre)".

Somente dessa forma o psicopedagogo será capaz de levar seu aprendente a desenvolver a autonomia e a construir a autoria, sentindo-se e sendo protagonista do seu próprio conhecimento.

Embora alterar essa dinâmica tenha sido muito desafiador, foi durante as supervisões realizadas semanalmente que pude balancear minha abordagem integrando a necessidade de resultados à escuta atenta e à construção de um espaço seguro para o aprendente, enriquecendo meu fazer psicopedagógico e promovendo um ambiente onde o aprendizado se dava de forma mais ampla, reconhecendo a importância tanto do processo quanto do resultado.

Foi fundamental permitir-me observar o quadro amplo advindo dos aprendentes e a diversidade de fatores que dificultavam seu processo de aprendizagem, compreendendo quais obstáculos poderiam impedir a capacidade de saber e se expressar. Precisei investigar suas dificuldades, inseguranças, medos e anseios entrelaçados entre o potencial e autonomia, buscando entender não apenas a falha no processo de aprendizagem, mas, principalmente, o que os impedia de se desenvolver.

Para Fernández (1990), é por meio dos lapsos verbais, das dificuldades expressivas, das incongruências, dos cortes abruptos, do silêncio e das repetições insistentes que o inconsciente começa a emergir. Essa dinâmica verbal e expressiva serve como uma janela das profundezas da mente, permitindo uma compreensão mais ampla dos conflitos e nuances da experiência humana.

Com isso, entendi que, se o indivíduo está dominado por inquietudes emocionais, sua mente tornar-se-á um terreno árido para qualquer atividade proposta, por mais bem elaborada que esta possa ser, e com o *tempo* desenvolvi um profundo respeito pelo *tempo* do aprendente.

A história de Pedro

Foi em meio a essa jornada que Pedro chegou, encaminhado pela minha já supervisora do projeto social. Deparar-me com esse caso foi um desafio considerável, tendo em vista que ele vinha por indicação dessa supervisora, uma psicopedagoga com notável competência e que mantém altos padrões de qualidade em sua prática. Embora Pedro fosse seu paciente e bolsista em uma escola particular, a família enfrentava dificuldades financeiras para continuar os tratamentos com fonoaudiólogo, psicólogo, psicomotricista e psicopedagoga, e por isso decidimos integrá-lo ao projeto da ABPp SP. Essa situação despertou em mim um desafio ainda maior: garantir que os atendimentos a Pedro mantivessem a excelência.

A dinâmica do caso revelava uma grande preocupação: Pedro, aos 9 anos de idade e inserido no quarto ano do ensino fundamental I, apresentava dificuldades em seu processo de alfabetização. Seus pais encontravam-se imersos em um processo de divórcio litigioso havia 2 anos. Na ocasião da dissolução conjugal, consideraram Pedro, com 7 anos de idade, imaturo para discernir as complexidades emocionais que envolviam essa ruptura e resolveram não o comunicar sobre a decisão da ruptura.

Embora convivesse com seus pais em casas diferentes e notasse essa situação, mantinha-se sem ser comunicado sobre a separação. O conhecimento velado de que seus pais haviam escolhido caminhos distintos impunha a Pedro o aprisionamento de sua possibilidade de aprender, impedindo-o de se desenvolver. O mero ato de saber, mesmo que intuitivamente, causava-lhe culpa. Pedro não podia saber, logo não podia aprender.

Esse cenário, impregnado por sutilezas de encobrimento e intuição, culminou em um aprisionamento da capacidade reflexiva e compreensiva de Pedro: se ele não podia saber sobre o rompimento dos pais, se o saber lhe era proibido, inconscientemente ele não podia aprender, crescer e se desenvolver, instaurando-se então um problema de aprendizagem.

> O código que escolhe o sintoma para falar nunca é escolhido ao acaso. Se o sintoma consiste em não aprender, se o lugar escolhido é a aprendizagem e o atrapado a inteligência, está indicando algo relativo ao saber ou ocultar, ao conhecer, ao mostrar ou não mostrar, ao apropriar-se. [...]. No sintoma de aprendizagem, a mensagem está encapsulada e a inteligência aprisionada, a criança renuncia ao aprender, ou aprende perturbadamente, marcando a construção de sua inteligência e de seu corpo (Fernández, 2001, p. 85).

Tocado por um profundo temor, Pedro não podia crescer, e, por isso, mantinha-se na imaturidade cognitiva com seu saber aprisionado, tornando seu aprendizado penoso e desinteressante. Ele precisava permanecer em sua infância protetora. Habitar a ignorância transformou-se em um refúgio, e o saber, em sua condenação.

No âmbito do problema de aprendizagem, o sintoma revela-se como um obstáculo construído por desejos inconscientes que, apesar da existência de oportunidades, obscurecem a motivação e a possibilidade para o aprendizado. O problema de aprendizagem-sintoma segundo Alicia Fernández:

> [...] toma forma em um indivíduo, afetando a dinâmica de articulação entre os níveis de inteligência, o desejo, o

organismo e o corpo, redundando em um aprisionamento da inteligência e da corporeidade por parte da estrutura simbólica inconsciente. Para entender seu significado, deveremos descobrir a funcionalidade do sintoma dentro da estrutura familiar e aproximar-nos da história individual do sujeito e da observação de tais níveis operando (Fernández, 2001, p. 82).

Mesmo denunciando, através de suas dificuldades escolares, que algo estava errado, os pais não puderam notar que Pedro necessitava do olhar cuidadoso deles, pois estavam imersos em suas próprias jornadas emocionais. O menino sentia a falta de apoio para seu desenvolvimento. As raras tentativas feitas de buscar validação falharam, aumentando o ciclo de autocrítica e desespero que o aprisionavam, intensificando seu isolamento e sua sensação de incapacidade.

Pedro trazia como manifestações sintomáticas: redução de vocabulário; lacunas enormes no processo de aquisição da leitura e escrita; problemas na compreensão leitora; dificuldades nas funções executivas de planejamento, flexibilidade cognitiva e controle inibitório; recusa para as atividades e desorganização sistemática diante de situações que exigiam maior complexidade e demanda cognitiva.

O vocabulário, habilidade linguística relacionada ao conhecimento e à compreensão das palavras, compõe nosso léxico mental. Aumentar a quantidade de palavras do nosso repertório é essencial para criar representações de alta qualidade e permitir que elas sejam processadas mais rapidamente. Quanto mais ativação a palavra receber, mais rapidamente será lida e mais facilmente seu significado será percebido (Pustejosvsky, 2015).

A alfabetização é o processo ligado à aquisição do sistema convencional de escrita, ou seja, alfabético-ortográfico. Os estudantes precisam, além de codificar e decodificar símbolos e caracteres, compreender os significados do código escrito (Soares, 2003). A consciência fonológica é basicamente a capacidade de reconhecer e manipular os sons da fala, permitindo a detecção de semelhanças e diferenças entre eles. Seu desenvolvimento está relacionado com o sucesso da aprendizagem da leitura e da escrita (Castelo, 2012).

A leitura competente diz respeito a acurácia (precisão), velocidade (fluência) e prosódia (entonação); tendo como objetivo final a compreensão do que foi lido. A compreensão leitora é um processo altamente complexo, em que o leitor constrói uma representação mental usando as informações do texto de forma integrada com os seus conhecimentos prévios. A compreensão leitora é fundamental para a construção de conhecimento (Kintsch, 2004).

As funções executivas são habilidades cognitivas que permitem ao indivíduo dedicar-se a comportamentos direcionados a objetivos (Gazzaniga; Ivry; Mangun, 2006; Sullivan; Riccio; Castillo, 2009). O planejamento é a aptidão de identificar e estabelecer uma estratégia sequencial direcionada a um objetivo (Krikorian; Bartok; Gay, 1994; Lezak; Howieson; Loring, 2004). A flexibilidade cognitiva é a capacidade de alterar uma estratégia de ação ou pensamento, gerenciando o próprio comportamento e tornando o indivíduo adaptável às demandas ambientais (Gazzaniga; Ivry; Mangun, 2002; Gil, 2002; Lezak; Howieson; Loring, 2004; Malloy-Diniz *et al.*, 2008). O controle inibitório está relacionado a selecionar informações, inibindo respostas distratoras que podem impedir o curso da ação ou interromper uma atividade em andamento, diminuindo a demanda sobre o processamento da informação (Barkley, 1997; Gazzaniga; Ivry; Mangun, 2002).

Considerando o entrave significativa nas dificuldades apresentadas por Pedro, meu papel como psicopedagoga consistiu em auxiliá-lo a enxergar suas próprias capacidades e potenciais, contando com meu apoio incondicional ao longo desse caminho de descoberta e superação. Eu, conforme cita Fernández (1990, p. 35), me empenhei em

> [...] curá-lo, ou seja, de fazê-lo surgir como diferente, [...] de recriar-se como pessoa interessante. Que sinta que sua personalidade se diferencia das outras e tem um caminho próprio que é capaz de construir, que vislumbre uma possível escolha, certo grau de liberdade, ainda que seja no conhecimento.

Foi a partir do momento em que abri espaço para ouvir Pedro, desvencilhando-me do rigor das tarefas preparadas para ele cumprir, que pude olhar, escutar e entender seu *tempo*. Nesse contexto, busquei decifrar as concepções inconscientes a respeito do aprender, vinculando-as à operação singular que fundamenta a formação do sintoma. Assim, ao compreender esses elementos, entendi a dinâmica que influenciava a aprendizagem e o seu desenvolvimento.

O olhar para Pedro

No início do trabalho com Pedro, por meu olhar estar voltado para as atividades, e não para o sujeito aprendente, tive dificuldades em que Pedro aceitasse minhas propostas de leitura. Contudo, ao me abrir para escutá-lo de forma ativa, pudemos nos vincular e o espaço para que ele compartilhasse seus interesses foi criado. Pedro mencionou gostar de focas e embarcamos juntos na pesquisa das diversas espécies desses pinípedes.

Com o passar dos atendimentos, embora a leitura e a escrita ainda fossem muito desafiadoras para essa criança, notei que ele se sentia mais seguro e confortável com o poder saber. Assim, durante as leituras sobre as focas, acordamos que eu leria uma frase e ele outra. Com isso fui tecendo um espaço onde ler, compreender e saber fosse permitido. Parti do que já lhe era conhecido e avançando degrau por degrau ao seu lado, o espaço para aprender foi criado. Pedro pôde discutir sobre o conteúdo lido, investigar as palavras que desconhecia e até anotá-las, possibilitando a ampliação do seu vocabulário e consequentemente melhorando a precisão e velocidade de leitura. Foi aceitando também os desafios da escrita à medida que ia se percebendo capaz, fortalecendo-se e motivando-se para seguir na direção do conhecimento.

Em meio às sessões, ao se deparar com um problema, Pedro pedia para ir ao banheiro como uma estratégia de fuga, pois, como ele não podia saber, quando isso lhe era exigido, lidava com isso fugindo, buscando proteção em algum lugar fora daquele ambiente de aprendizagem e desenvolvimento. Outra atitude era indagar sobre a hora ou término do encontro, buscando, assim, escapar do estado de aprendente e da dificuldade imposta pela situação.

Esse saber proibido infiltrava-se em diversos âmbitos de sua vida, não se limitando ao contexto acadêmico. Pedro evitava experimentar novos sabores e apresentava muita inquietação quando se deparava com alguma situação que o frustrava. Em meio a esse cenário e com temor em aprender, Pedro foi reduzindo o tamanho da sua letra de tal forma que se tornara quase ilegível, como se desejasse se fechar dentro dela, demonstrando em sua letra seu medo pelo saber.

Pedro identificava-se de forma inconsciente com o bebê-foca e questionava-se sobre o que poderia acontecer quando este crescesse. Durante nossas conversas, sugeri que criasse uma história em quadrinhos sobre o bebê-foca com o final da forma que quisesse. Realizando esta atividade, ele pôde criar um final feliz ao projetar no desenho seu anseio de que a conexão familiar perpetuasse.

Nesse momento percebi que precisava ajudar Pedro em sua necessidade de amparo e acolhimento familiar. Com os pais, que ainda estavam focados nos problemas do divórcio, conduzi um trabalho encorajando-os a reconhecer e a reforçar os progressos significativos do filho. Essa abordagem colaborativa permitiu a construção de um ambiente mais seguro e afetivo, possibilitando o desenvolvimento emocional e cognitivo da criança.

A utilização de jogos desempenhou um papel fundamental nas sessões, aprimorando aspectos primordiais como habilidades cognitivas, linguagem e questões emocionais como o ganhar e o perder. Em consonância com o trabalho da fonoaudióloga, empenhei-me em abordar os equívocos ortográficos, começando pela correção das falhas mais elementares e, à medida que Pedro assimilava esse conteúdo, fui inserindo gradualmente novas regras ortográficas mais complexas.

Conforme Pedro se abria à possibilidade de aprender, comecei a dedicar atenção aos detalhes, intervindo com precisão na adequação da forma de algumas letras, consolidando a compreensão dos princípios ortográficos fundamentais e enriquecendo sua experiência de aprendizagem.

Mantendo meu objetivo psicopedagógico de incentivar a autonomia, autoria e de despertar curiosidade em Pedro, ao finalizarmos o projeto de leitura sobre as focas que nos ocupou por longos meses, dirigi-me a ele com uma indagação a respeito de um livro que possuísse em sua casa e que despertasse seu interesse.

Pedro trouxe com grande entusiasmo um livro sobre os tubarões. Iniciei a proposta como no trabalho anterior, alternando as leituras. Como ele nutria uma profunda paixão por desenhar, aproveitei essa inclinação artística para elaborar histórias em quadrinhos em coautoria, só que desta vez com a finalidade de estimular sua escrita e autonomia, de forma que ele começasse a perceber que o aprender estava não só nos atendimentos, mas também na escola, em casa e em todas as experiências cotidianas.

Mesmo que ainda estivesse fragilizado emocionalmente, ele sentia-se mais autoconfiante e, por isso, decidi trabalhar uma das experiências que lhe causavam desestruturação emocional: experimentar novos alimentos e acolher o inesperado.

Desafiei Pedro a provar sabores distintos, descobrindo alimentos e percebendo que a apresentação pode influenciar na apreciação de um prato. Ele aceitou o desafio e começou a experimentar, abrindo-se a provar novos alimentos. A descoberta de um sabor ou prato reforçava a experiência de que o saber está em todos os lugares. Aos poucos foi libertando-se da prisão que o aprisionava e tomando consciência de que o saber pode ser buscado e alcançado.

As focas e os tubarões, criaturas marinhas por excelência, pareciam evocar a figura materna e paterna, como se simbolizassem um refúgio de amor e proteção. Essa conexão marcava a fragilidade emocional que Pedro experimentava em virtude da dolorosa e secreta dissolução do matrimônio de seus pais. O temor de amadurecer e concomitantemente *perder* os pais ainda permeava seu universo afetivo. Embora essa angústia se manifestasse nas sutilezas da comunicação, ao *ver* Pedro, do lugar da psicopedagogia, pude guiá-lo no caminho de sua libertação e acompanhá-lo tecendo histórias menos penosas.

A cada sessão, Pedro desenvolvia-se, aceitando suas imperfeições e seus acertos. Conforme se permitia errar, os erros diminuíam, e os que ainda ocorriam já não o desestruturavam, porque ele já compreendia que faziam parte do processo e, assim como os erros que não cometia mais, aos poucos os outros também seriam sanados. Eu, assim como Pedro, sentia-me tecendo os significados, com suas nuances, em que cada falha se transformava em um degrau para a sabedoria.

Em uma das reuniões de alinhamento de trabalho com a escola, com o objetivo de Pedro sentir-se mais seguro e autoconfiante também nesse espaço, definimos que eu iria instrumentalizá-lo para que ele realizasse uma leitura de charadas em voz alta na sala de aula. Ele preparou-se diligentemente nas sessões, ainda que essa fosse uma tarefa intimidadora. Com a receptividade positiva dos colegas e professora mediante sua apresentação, alcançou uma nova percepção sobre si mesmo: ele sentiu-se capitão de seu saber, tornando-se autor de seu próprio conhecimento. Essa validação social, vinda do reconhecimento do grupo, contribuiu para entender que o conhecimento é um atributo que lhe pertence. Cada pequeno passo dado nesse processo representou um avanço significativo na trajetória de Pedro rumo à libertação das amarras que o mantinham prisioneiro de suas inseguranças e constituíram fatores preponderantes para o fortalecimento de sua autoestima e para a continuidade de sua motivação em empreender novas trilhas no vasto campo do aprendizado.

Após vencer mais esse obstáculo, passou a absorver novos saberes, lançando-se em empreitadas que poderiam conduzi-lo ao erro, mas, por estar extremamente motivado e sentindo-se capaz, foi aceitando os desafios do aprender. Outro fato que também serviu como um poderoso catalisador da motivação de Pedro foram os resultados das provas semestrais, constatando uma melhora considerável no seu desempenho acadêmico. Este momento foi de imensa alegria, e tanto seus pais quanto eu o elogiamos profusamente. Ao indagar a percepção de Pedro sobre o processo, ele respondeu com satisfação: "Acho que estou muito bem!"

Neste instante, a autoria de seu aprendizado estabeleceu-se firmemente dentro dele. Embora eu houvesse participado desse percurso, foi Pedro quem constatou que o conhecimento lhe pertencia, reconhecendo sua própria capacidade de aprender e triunfar. Essa epifania não apenas solidificou sua autonomia cognitiva, mas também lhe conferiu um novo patamar de confiança em suas habilidades.

Aproveitando o alto grau de engajamento demonstrado por Pedro, indaguei a respeito do livro que mais o intrigava, com o intuito de que o lêssemos juntos. Para minha grata surpresa, não houve necessidade de um acordo prévio, ele mergulhou na leitura de forma individual, demonstrando uma notável dedicação. Com a fluidez da leitura em estágio mais avançado, pude então incorporar à dinâmica psicopedagógica ensinamentos relativos às regras de pontuação, entonação, prosódia e interpretação. Naquele instante pleno e quase transcendente, erguia-se outro pilar da psicopedagogia: o vínculo com o ato de aprender. E, mesmo que ainda se sentisse emocionalmente inseguro, passou a querer aprender e desenvolver-se, rompendo os limites impostos pelo desconhecido e desbravando novos caminhos do saber. Essa dedicação, empenho e coragem de Pedro gerou um progresso significativo em sua fluência leitora. A partir desse avanço, pude abordar aspectos relacionados à pontuação durante a atividade de leitura, e, a esta altura, após uma mediação pontual, ele lia em seguida de forma autônoma, sem se desestabilizar.

Acrescentei à intervenção da escrita novamente a pesquisa de significado das palavras que eram desconhecidas, com a finalidade de aumentar seu léxico mental e com isso sua fluência de leitura. Nesse momento, Pedro demonstrava uma disposição crescente para acolher as intervenções e correções propostas, sem que houvesse necessidade de fugas ao banheiro. À medida que ele progredia e superava os diversos desafios, uma nova onda de coragem e motivação surgia.

Diante do cenário de confiança que Pedro emanava, comecei a intervir no tamanho de sua letra, pedindo para que lesse o que havia produzido. Conforme sentia dificuldades para entender o que ele mesmo havia escrito, eu esclarecia sobre a importância de aumentar o tamanho da letra, tornando-a mais compreensível, não apenas aos outros, mas a ele mesmo.

Paralelamente a isso, ao alcançamos as últimas páginas da obra literária que ele havia escolhido, entreguei-lhe o livro, permitindo que seguisse na leitura de maneira independente, alçando-o à busca de seu próprio conhecimento e constituindo um passo significativo em sua formação como leitor autônomo. Estabelecia-se ali o alicerce da autonomia. Nesse processo, Pedro descobriu que o ato de aprender pode ser leve e encantador, usufruindo das conquistas alcançadas.

No fim do livro, o autor demonstra em um passo a passo como reproduzir o personagem principal, o tubarão. Indaguei Pedro se gostaria de desenhar seguindo as orientações do livro. Àquela altura do seu desenvolvimento, eu esperava que ele se jogasse ao desafio, mas, para minha surpresa, sua resposta foi envolta em um véu de hesitação, revelando seu receio de que a tarefa apresentada seria um desafio inatingível. No entanto, com a intenção de incentivá-lo, ofereci uma folha de papel sulfite branco e um lápis, propondo que se aventurasse na produção, que fizesse uma tentativa, experimentasse. E Pedro aceitou! Nas partes em que o desenho continha maior dificuldade na execução, indaguei sobre como ele poderia solucioná-la, trabalhando com as funções executivas de organização e planejamento.

Como quem se encontra em um processo de autodescoberta, Pedro, em um dado momento, solicitou-me apagar uma parte do desenho, demonstrando desejo de aprimorar-se e superar-se. Assim, permiti um espaço de aprendizado, onde a flexibilidade do pensamento se manifestou como um pilar essencial, permitindo não apenas o desenvolvimento das funções executivas, mas também a capacidade de Pedro se reestruturar diante dos desafios. Ao finalizar seu desenho, compartilhou que recentemente lançara-se em um novo desafio, ultrapassando uma vez mais os limites do próprio potencial, reconhecendo que o aprendizado, em suas diversas nuances, está a nos cercar incessantemente e que ele era plenamente capaz de enfrentar as suas dificuldades em sua plenitude.

Tecendo o olhar psicopedagógico

Ao transitar pelos momentos que partilhei com esse garoto nos atendimentos, é inevitável que uma onda de reflexão sobre a atuação enquanto psicopedagoga não me invada. Ao ingressar no vasto e intricado universo do atendimento clínico, jamais supus que seria entrelaçada a tantas demandas emocionais, pois, em minha crença, o papel psicopedagógico deveria ser unicamente voltado ao sucesso do desenvolvimento acadêmico do indivíduo. Contudo, ao longo dos atendimentos, constatei que as emoções são parte integrante e indissolúvel do processo de aprendizagem. Assim sendo, ao me deparar com o menino, cuja trajetória era envolta por questões emocionais que influenciavam seu aprendizado, reconheci a importância de ouvir, ver, dialogar, acolher com empatia e interrogar com delicadeza.

Ainda que Pedro não tenha se desvinculado completamente de certa resistência, vislumbro com alegria sua disposição para permitir-se ser e agir de uma nova maneira. A capacidade de planejamento desponta-se como uma conquista significativa, demonstrando uma atenção refinada e um autocontrole diante das adversidades que se apresentam em seu caminho. A resiliência, antes um desafio, agora emerge como uma qualidade íntegra que permite a ele manter-se estável diante dos problemas.

Ao fim do meu trabalho psicopedagógico com Pedro, constato que as metas delineadas inicialmente foram atingidas com êxito. Além da melhora nas habilidades cognitivas, na leitura, na escrita, no vocabulário e na compreensão leitora, Pedro descobriu-se autor de seu conhecimento, capaz de desenvolver-se e aprender de forma independente.

Esse percurso gerou em mim uma árdua batalha interna, repleta de desafios, demandando um incessante movimento de autoconhecimento e reflexão. Fui repetidamente convidada pela minha supervisora a visitar os princípios da psicopedagogia dinâmica, assim como os fundamentos teóricos que suportam esse trabalho; a não me restringir ao que se apresentava diante de meus olhos, mas também captar as sutilezas do todo. Foi imperativo que eu ressignificasse minha abordagem; o meu olhar, antes focado e delimitado, deveria abrir-se e permitir-me enxergar as múltiplas camadas e nuances que compõem o sujeito aprendente. Essa epifania transformadora não apenas ampliou meu entendimento sobre a complexidade da aprendizagem, mas também proporcionou um novo viés sobre a verdadeira essência do ato de ensinar e aprender.

Refletindo sobre o progresso do meu trabalho, percebo, com clareza, que grande parte dos avanços obtidos se deve ao meu empenho em permitir e valorizar o espaço de fala do aprendente. Aquilo que anteriormente considerava tratar-se de um desperdício do tempo dedicado à sessão, ou que tal atividade não apresentava nenhuma pertinência em relação ao atendimento psicopedagógico, hoje reconheço como um elemento essencial e fundamental em meu processo terapêutico. À semelhança do que pontua Fernández (1990), ao relembrar os primórdios de meus atendimentos, percebo que, apesar de empregar elementos teóricos e técnicos, eu queria tanto atingir o melhor resultado que acabava olhando para a atividade em si, não para o paciente, e isso comprometia a busca pelo verdadeiro significado subjacente a suas palavras e ações.

O atendimento clínico exigiu de mim um esforço de inegável profundidade e substância, uma mudança que não apenas remodelou minha prática enquanto psicopedagoga, mas, por conseguinte, também modificou meu ser enquanto indivíduo. Nesse espaço de troca e aprendizado, não se pode considerar apenas Pedro como beneficiário; eu mesma fui agraciada pela oportunidade de vivenciar tantos conhecimentos e experiências enriquecedoras. Pedro, em particular, revelou-se um presente inestimável, pois, à medida que adentramos essa jornada de desafios mútuos, estabelecemos uma confiança recíproca no processo, propiciando assim um crescimento que transcendeu as fronteiras do simples atendimento. Juntos desbravamos novos horizontes de desenvolvimento e compreensão, tecendo vínculos que, sem dúvida, deixarão marcas permanentes em nossas trajetórias.

Referências

BARKLEY, R. A. Behavioral inhibition, sustained attention and executive function: constructing a unifying theory of ADHD. **Psychological Bulletin**, American Psychological Association (APA), EUA, v. 121, n. 1, p. 65-94, 1997.

CASTELO, A. **Competência metafonológica e sistema não consonântico no português europeu**: descrição, implicações e aplicações para o ensino do português como língua materna. Dissertação (Doutorado em Linguística Educacional) – Universidade de Lisboa, Lisboa, 2012.

FERNÁNDEZ, A. **A inteligência aprisionada**. Porto Alegre: Artes Médicas, 1990.

FERNÁNDEZ, A. **O saber em jogo**. Porto Alegre: Artmed, 2001.

GAZZANIGA, M. S.; IVRY, R. B.; MANGUN, G. R. **Cognitive neuroscience**: the biology of the mind. New York: Norton & Company, 2002.

GAZZANIGA, M. S.; IVRY, R. B.; MANGUN, G. R. **Neurociência cognitiva**: a biologia da mente. Porto Alegre: Artmed, 2006.

GIL, R. **Neuropsicologia**. São Paulo: Editora Santos, 2002.

KINTSCH, W. **The construction-integration model of text comprehension and its implications for instruction**. Newark: International Reading Association, 2004.

KRIKORIAN, R.; BARTOK, J.; GAY, N. Tower of London procedure: a standard method and developmental data. **Journal of Clinical and Experimental Neuropsychology**, Cincinnati, v. 16, n. 6, p. 840-850, 1994.

LEZAK, M. D.; HOWIESON, D. B.; LORING, D. W. **Neuropsychological assessment**. 4th ed. New York: Oxford University Press, 2004.

PUSTEJOVSKY, J. **Lexicon**. *In*: INTERNATIONAL Encyclopedia of the Social & Behavioral Sciences. 2. ed. [*S. l.*]: Elsevier, 2015. p. 943-948.

SOARES, M. **Alfabetização e letramento**. São Paulo: Contexto, 2003.

SULLIVAN, J. R.; RICCIO, C. A.; CASTILLO, C. R. **Concurrent validity of the tower tasks as measures of executive function in adults**: a meta-analysis. Chicago: Applied Neuropsychology, 2009.

AS DORES E AS DELÍCIAS DA CLÍNICA PSICOPEDAGÓGICA

Solange Papa
Wylma Ferraz

Todo ser humano é uma semente pronta para desabrochar, contudo as primeiras experiências de vida são tão importantes que podem mudar por completo a maneira como as pessoas se desenvolvem.

(Harry Chugani, neuropediatra, Wayne/EUA)

Inúmeros profissionais, especialmente os psicopedagogos, podem auxiliar para uma aprendizagem mais efetiva e um desenvolvimento constante, uma educação transformadora.

Para iniciarmos este relato, vamos entender a importância da atuação e das dificuldades pelas quais o psicopedagogo passa durante o processo de intervenção com seus pacientes.

A psicopedagogia é uma área de conhecimento, pesquisa e processo de aprendizagem humana e suas dificuldades, objetivando superar as dificuldades e otimizar esse processo. Para isso, é importante fundamentar-se em outras ciências e áreas de conhecimento, principalmente, embora não somente, na psicologia e na pedagogia. É, portanto, um campo interdisciplinar, clínico e institucional, com enfoque preventivo e terapêutico (Grassi, 2020, p. 21).

O psicopedagogo tem inúmeros instrumentos de trabalho, em diferentes ambientes, na clínica, no hospital, instituições escolares ou empresas, realizando avaliação psicopedagógica, intervenção, orientação e formação.

De acordo com Beauclair (2009, p. 50),

> [...] o principal objetivo da atuação psicopedagógica é fazer modos diferentes de prevenir, de diagnosticar e de corrigir possíveis dificuldades e também apresentar estratégias de intervenção no relacionamento entre sujeito aprendente com outros sujeitos e o seu meio, para encontrar significado no seu aprendizado.

Desse modo, o campo de atuação da Psicopedagogia está focado no ato de aprender, considerando a realidade do aprendente, aspectos sociais, subjetivos, afetivos e cognitivos.

E assim, falando no campo de atuação desse profissional, o foco da atuação do psicopedagogo neste relato foi a aquisição da leitura e escrita, que é um processo complexo, mas essencial para a comunicação. E esse processo se inicia na alfabetização. Aprender a ler é indispensável para a inclusão do aprendente na sociedade letrada.

A aprendizagem se alimenta de informações internas e externas, que envolvem os processos sensoriais, a motivação e o interesse da criança. Interesse esse que precisa ser despertado, alimentado, incentivado, estimulado tanto pela família como pela escola.

Iniciei-me no Projeto Social da Associação Brasileira de Psicopedagogia Seção São Paulo (ABPp SP) em 2023, participando das reuniões de formação com o grupo de supervisoras; após essas primeiras formações, entrei em contato com a Escola Municipal Cirio de Albuquerque, localizada na região sul da capital de São Paulo, bairro periférico da cidade. Na ocasião fui muito bem recebida pela coordenação da escola, que se disponibilizou para encaminhar uma criança para o meu atendimento. Aguardei cerca de 20 dias e me foi disponibilizado o contato da mãe para darmos início ao atendimento.

No processo avaliativo investigamos, levantamos hipóteses, encontramos as fragilidades e as potencialidades, além do estilo de aprendizagem do AEP.

Este estudo de caso clínico, de abordagem qualitativa para a análise de dados, ocorreu em consultório clínico, com uma criança do sexo masculino de 10 anos, matriculada em 2024 no quarto ano. Para preservar-lhe a identidade, chamaremos o paciente de AEP, encaminhada pela escola com a queixa de dificuldade na leitura e na escrita. O estudo de caso foi desenvolvido no período de dois semestres, cujos dados foram coletados em 28 sessões.

Neste estudo de caso, utilizaram-se os seguintes instrumentos avaliativos: escuta atenta da coleta de dados sobre a vida da criança, gestação, histórico escolar. Além das Técnicas Projetivas, Provas Operatórias, Entrevista Operativa Centrada na Aprendizagem (Eoca) e sondagem em linguagem e matemática.

O Processo Avaliativo teve início com a anamnese. Neste caso a anamnese aconteceu somente com a mãe, que relatou a queixa em relação à dificuldade da leitura e da escrita que AEP apresenta e um pouco de sua história, que nasceu em São Paulo, teve icterícia neonatal, não foi uma gravidez planejada. Ele dorme tarde, mexe-se muito à noite, até os 6 anos dormiu com os pais, andou com 1 ano. Mãe diz que não tem nenhum objeto de apego (mas toda sessão traz algo e se distrai com este). Ainda não sabe amarrar o tênis. Vai e volta da escola de transporte. De acordo com a mãe, AEP se relaciona bem com seus pares e faz amizades com facilidade. Segundo a mãe, AEP não tem muitas faltas (mas, em conversa com o coordenador da escola, verificou-se que ele sempre tem uma ou mais faltas na semana). Quando questionada sobre os momentos de lazer, afirmou que é com a avó, por parte de pai, quando passa o fim de semana lá. Durante o momento de escuta, foi relatado pela mãe que ela fica sobrecarregada com os cuidados do AEP e sua irmã, que tem hidrocefalia; ela nem sempre pode dar a devida atenção ao acompanhamento dos estudos, da aprendizagem e do acolhimento necessário para o bom desenvolvimento escolar.

A primeira sessão com AEP foi um momento mais lúdico, através da Entrevista Operativa Centrada na Aprendizagem, com o objetivo de investigar os vínculos que a criança possui com os objetos, materiais escolares e com o conhecimento. Através deste momento, em que ele estava mais espontâneo, foi possível observar que sua pintura não tinha muita criatividade, não se interessou por materiais relacionados a atividades escolares, como lápis, caneta, tesoura, livro, ficou mais envolvido com massinha e outros brinquedos. Contou sobre algumas brigas que aconteceram na escola, sobre as conversas com o coordenador e em um determinado momento sentiu necessidade de mostrar que sabia contar até 100.

A próxima sessão teve como recurso as Técnicas Projetivas – Par Educativo de Jorge Visca, com o objetivo de investigar o vínculo escolar. Notam-se no desenho do AEP personagens principais sem muitos detalhes, desenho imaturo para sua idade cronológica, rostos sem fisionomia e todos com tamanho uniformes. Não foram identificados os pés e mãos dos personagens. Havia aparente falta de criatividade.

Após esse desenho, foi solicitado que AEP realizasse o desenho da Família Educativa. Através do desenho, foi possível observar que cada personagem está em um cômodo da casa fazendo funções distintas, e não aparece a irmã. O pai e o tio se encontram deitados, cada um em seu espaço. A mãe e a avó estão lavando roupas, e ele se desenhou fora de casa com seu primo brincando.

Na terceira sessão, foram utilizados os blocos lógicos com o objetivo de investigar questões relacionadas a quantificação, cores, figuras geométricas e agrupamento por semelhanças. Na aplicação desta atividade, foi possível observar que as respostas foram adequadas ao esperado para a idade, agrupando-os por cores inicialmente, após exploração do material. Foi possível observar a relação de quantificação ao solicitar que apontasse o grupo com maior número de peças. Nesta sessão foi solicitado que AEP fizesse um desenho livre e colocasse um título. Ele se desenhou com um adulto utilizando celular, em uma avenida. Contou que ele foi atropelado e uma outra pessoa o socorreu. Este desenho apresentou mais detalhes do que os outros que foram solicitados nas outras sessões. O título escolhido foi: *Misericórdia*.

Na quarta sessão, a proposta envolvia a questão da linguagem oral, em que AEP deveria retirar da caixa uma letra. Reconheceu todas as letras, pedi para nomeá-las e em seguida falar uma palavra tendo como inicial aquela letra. Foi possível observar que o seu vocabulário é restrito ao que era apresentado em sala de aula, com pouco repertório. Havia dificuldade no resgate lexical.

Para a quinta sessão, foram aplicadas as Provas Operatórias, conservação da quantidade de matéria/massa — neste teste não conseguiu afirmar que tinha a mesma quantidade quando era realizada a transformação.

Na observação do material escolar, foi possível observar a falta do envolvimento da família com a questão escolar: lápis sem apontar, atividades incompletas e muitas observações da professora. Quando questionado sobre a questão da falta de conclusão das atividades, AEP responde que não sabe ler e não tinha ninguém para ajudar.

Na sexta sessão, a proposta era de leitura, em que AEP teria de organizar as frases de uma parlenda. Na aplicação desta atividade, pôde-se observar que, ao se deparar com a leitura, começou a expressar sonolência, bocejando, deitando-se a cabeça sobre a mesa, distraiu-se com o lápis e borracha, e outras manifestações para tentar escapar da atividade proposta; não organizou as frases na sequência. Quando solicitado para interpretar pequenas frases, mesmo com pouco grau de dificuldade, não obteve êxito, já que apresentou leitura silabada, comprometendo assim seu entendimento.

Outro recurso utilizado para verificar o vínculo com a leitura e sua funcionalidade foi a história dos Três Porquinhos. No primeiro momento, apresentou-se a história e logo em seguida foi proposto que AEP recontasse o que acontecera. Conseguiu recontá-la parcialmente com inversão/omissão de fatos.

Para a sétima sessão da avaliação, foi solicitada uma atividade de recorte para verificar questões de coordenação motora, organização e planejamento. Ao observar este momento, notou-se impulsividade ao recortar, falta de planejamento ao iniciar a atividade e desorganização ao colar e montar as peças. Um segundo momento desta sessão foi a retomada da história dos Três Porquinhos, desta vez para que AEP escrevesse o nome dos personagens e dos materiais utilizados na confecção das casas, entre outros. Através desta atividade, foi possível observar que em alguns momentos ele utilizou a sílaba correta e em outros utilizou apenas uma letra para representar a sílaba.

A proposta da oitava sessão foi a observação da linguagem escrita e verbal através da escrita de uma pequena história baseada em figuras. Diante desta atividade foi possível observar aglutinação ao escrever palavras e o uso de vogal ou consoante para representar uma sílaba, de acordo com o valor sonoro.

Para a última sessão da avaliação, foi avaliada a linguagem oral, e AEP obteve bom desempenho fonético-fonológico, na nomeação de figuras e na repetição de palavras. Já na atividade de elaboração oral a partir de cena, apenas nomeou as figuras, demonstrando pouca criatividade para elaborar história.

Durante o processo avaliativo, ficou nítida a diferença das sessões de atividades que se assemelham a demandas escolares em comparação com as sessões mais lúdicas e livres. Nas atividades de leitura e escrita, AEP demonstrou sentir ansiedade, cansaço, apatia e sonolência. Nos momentos lúdicos, demonstrou animação, alegria, motivação e competitividade.

A visita à escola propiciou constatar, em conversa com o coordenador, que AEP tinha um grande número de faltas, quase toda semana uma ou mais faltas, dificultando assim o desenvolvimento do processo de ensino e aprendizagem. Também ficou evidente a questão da participação e do acompanhamento da mãe, quando o coordenador colocou que, nos anos iniciais, primeiro e segundo ano, quem fazia o acompanhamento das atividades escolares era a avó.

Após o processo de avaliação, através dos resultados encontrados, foi elaborado um relatório para devolutiva. Uma sessão foi reservada para este momento. Nesta sessão só apareceu a mãe, pois, segundo ela, o pai estava trabalhando. Foi lido o relatório, e em seguida houve uma conversa sobre o que foi observado nas sessões, o que seria a intervenção e orientações sobre como auxiliá-lo em casa. Diante do que foi colocado, a mãe demonstrou concordar e estar pronta para ajudar.

As informações obtidas na queixa inicial, na anamnese, com a avaliação psicopedagógica, em relação ao quadro clínico, levaram à hipótese de falha no processo da alfabetização e a perceber que AEP se distrai com estímulos externos, evita tarefas que exijam esforço atencional prolongado, não tem precisão na leitura de palavras, tem dificuldade de compreender o que é lido, omite vogais ou consoantes na escrita e não possui criatividade para escrever textos.

O planejamento para elaboração da intervenção, em função dos dados coletados, das dificuldades cognitivas, foi discutido em supervisão.

As sessões de intervenção psicopedagógica ocorreram semanalmente, com duração de uma hora cada, visando, principalmente: desenvolvimento da autoconfiança, da segurança em realizar as atividades que exijam a leitura e escrita; despertar a criatividade; ampliação de vocabulário; desenvolver a percepção auditiva identificar o som das letras, treinar a atenção auditiva em situações que buscam o desenvolvimento da consciência fonológica.

Para as sessões de intervenção, foram planejadas atividades voltadas para desenvolver habilidades preditoras da leitura e da escrita, ou seja, atividades que envolvessem a consciência fonológica. Por meio de atividades com rima, aliteração, jogos de percurso com letras, jogo da memória com sílabas, forca, entre outros, foi possível deixar AEP mais seguro, aproximando-o da aprendizagem da leitura e da escrita.

Para auxiliar nesse processo, foi proposto à AEP levar pequenos livros de história, de sua escolha, para leitura em família. Na sessão seguinte, ao retornar com o livro, era solicitado que AEP contasse a história com o objetivo de ampliação de vocabulário, despertar o interesse pela leitura, envolver a família no processo de aprendizagem, desenvolver a concentração e o foco. Conseguimos realizar esse empréstimo por quatro sessões, depois não houve mais retorno dos livros. A proposta foi abandonada por falta de parceria da família.

Outra proposta sugerida para a família foi o aumento de sessões, durante a semana. A princípio a mãe gostou da ideia, foi oferecida uma segunda data para o atendimento, porém na próxima semana, no momento da confirmação do agendamento, algo aconteceu e a mãe desmarcou a sessão.

Um outro momento bastante desafiador foi quando a mãe verbalizou que a criança iria ficar afastada da escola e das sessões de intervenção porque a criança iria fazer uma viagem com a avó. Neste momento, ficou evidente a valorização que a família dá para o processo de ensino e aprendizagem. O distanciamento da criança com as atividades escolares levá-lo-ia ao ponto de partida da intervenção, e tudo que tinha sido conquistado teria de ser revisto.

Dentro desse contexto, é importante ressaltar que a falta de auxílio da família, no processo de aprendizagem de AEP, prejudicou o desenvolvimento da intervenção, tornando o processo mais lento.

Ao longo do atendimento psicopedagógico, foi possível observar como funciona a dinâmica familiar, no que diz respeito ao compromisso e à valorização da escolaridade do aprendente. Inúmeras vezes foi necessário remarcar as sessões, houve muitas faltas e cancelamentos por motivos de doenças, prejudicando o processo de intervenção.

No decorrer da intervenção psicopedagógica, foram efetuadas orientações aos pais, com relação à necessidade de maior disponibilidade deles ao acompanhamento das tarefas do AEP, estabelecer uma rotina de estudo e valorizar as conquistas alcançadas por ele.

Nesse caso clínico, houve a necessidade de conscientizar a família sobre isto: à medida que a criança consegue corresponder às solicitações escolares, desempenha o seu papel de aluno e realiza as atividades propostas, cresce sua autoestima, sua confiança e a capacidade para lidar com os desafios que surgem tanto no universo escolar como fora dele.

Neste momento da intervenção psicopedagógica, diante dos resultados obtidos, com a supervisão da psicopedagoga Wylma Ferraz, novas hipóteses foram surgindo em relação à dificuldade de aprendizagem do AEP devido à influência de fatores externos, tais como: condições estruturais e psicológicas do ambiente de aprendizagem, condições socioeconômicas da família, falta de ambiente estimulador em casa, excesso de faltas, entre outros.

Ao fim das sessões, a mãe recebia algumas orientações de como ajudá-lo e de como orientá-lo; ela ouvia atentamente, parecia que iria se envolver e fazer o que estava sendo proposto, deixando a psicopedagoga com esperança de que a parceria iria acontecer. Mas, no contato para confirmação da próxima sessão, a frustração, as faltas e os cancelamentos continuavam acontecendo.

A cada dia, entendemos que o processo de aprender vai além da aprendizagem na escola, depende de fatores individuais da criança, da parte biológica, psicológica, social e ambiental. Para desenvolver o nosso trabalho, o psicopedagogo precisa ter claro que existe uma relação triangular: ele mesmo, o sujeito e a família. É importante enfatizar que o nosso fazer psicopedagógico vai além do consultório.

Em cada diagnóstico encontramos diferentes caminhos a percorrer, e, neste caso em específico, a família tem uma escolha inconsciente, e essa escolha fala sobre o sujeito e sua história. Quando temos acesso à história de vida do sujeito é que compreendemos o sentido do "não aprender". Quando pensamos neste aspecto, identificamos que provavelmente a educação não é uma prioridade para os membros da família. Talvez eles não vejam a dificuldade dele como um empecilho para sua inserção na sociedade. Como foi esse processo na vida pessoal deles? É um questionamento a se fazer e conversar.

Nós, psicopedagogos, somos indivíduos com subjetividades pessoais e profissionais. Somos sujeitos portadores de crenças, valores, experiências, convicções, emoções, expectativas e ideais, e consequentemente direcionamos nossos modos de aprender e ensinar.

Quando estamos reunidas em pequenos grupos, durante as formações, notamos que as demandas, muitas vezes, são semelhantes. Essas oportunidades de entrar em contato com os pares, de refletir e interagir em conjunto, ajuda na nossa trajetória profissional.

Então, dessa forma, devemos repensar quais são os limites da profissão, quais são os fatores que podem ser apontados, que têm dificultado o trabalho com os aprendentes. E uma dessas dificuldades é quando nossas expectativas em relação ao avanço e/ou à melhora dos aprendentes são frustradas, principalmente por falta de comprometimento da família ou entendimento da importância desse processo no desenvolvimento da criança.

Diante deste cenário, refletindo sobre o processo psicopedagógico deste caso, nota-se que a frustração por não conseguir atingir resultados melhores fez surgir sentimento de impotência em alguns momentos. Porém, a supervisão foi de extrema importância para esta questão. O contato com um profissional mais experiente enriqueceu e garantiu de forma adequada a percepção de que é importante acolher as demandas, buscando soluções e o caminho para chegar a um resultado.

Ser psicopedagogo é muito gratificante, com muitos desafios e expectativas. Uma delas é manter acesa a chama da motivação.

Referências

BEAUCLAIR, J. **Para entender psicopedagogia**: perspectivas atuais desafios futuros. 3. ed. Rio de Janeiro: Wak, 2009.

BOSSA, N. **A psicopedagogia no Brasil**: contribuições a partir da prática. Rio de Janeiro: Wak, 2019.

FERNÁNDEZ, A. **A inteligência aprisionada**. Porto Alegre: Artmed, 1991.

GRASSI, T. M. **Oficinas psicopedagógicas**: caminhando e construindo saberes. Curitiba: Intersaberes, 2020.

SCOZ, B. *et al*. **Psicopedagogia**: o caráter interdisciplinar na formação e atuação profissional. Porto Alegre: Artes Médicas, 1987.

PSICOPEDAGOGIA NO ÂMBITO INSTITUCIONAL: UM PERCURSO DE MUITAS VOZES

Maria Cristina Natel

É caminhando que se faz o caminho...

(Titãs)

Temos como premissa de que não há diferentes psicopedagogias, mas sim diferentes âmbitos de atuação, como se constata no Código de Ética do Psicopedagogo, documento da Associação Brasileira de Psicopedagogia (Associação Brasileira de Psicopedagogia, 2019, p. 1), no Art. 1º, quando menciona sobre a ação psicopedagógica "com diferentes sujeitos e sistemas, quer sejam pessoas, grupos, instituições e comunidades" e situa seu objeto de estudo como "ocupa-se do processo de aprendizagem".

Ao ocupar-se do processo de aprendizagem com diferentes sujeitos e sistemas, e concebida como campo de conhecimento e ação interdisciplinar, admite-se então a diversidade de espaços que podem servir como campos de atuação do psicopedagogo.

O âmbito institucional é o cenário deste capítulo, e, assumindo que podemos entender instituições como sistemas organizados de relações sociais, fica claro o porquê de as palavras "organização" e "instituição" serem tratadas pelo senso comum como sinônimos, sendo necessária uma brevíssima distinção desses conceitos.

Desse modo, temos de um lado a **organização**, como o construto que surge quando um grupo de pessoas se junta e se mobiliza com um objetivo comum e declarado; e de outro temos a **instituição**, como a base legal e/ou normativa, mesmo quando tácita, sobre a qual se desenvolvem os processos de negócio da organização.

Fernández (1990) esclarece que uma instituição funciona de modo a expressar a singularidade particular de uma dada organização e esse funcionamento se dá na trama dialética de duas forças, o **instituído**, que representa a lei, a ordem e o conhecido; e o **instituinte**, o lado transformador, criativo, revolucionário.

Depreendemos disso, portanto, que a intervenção psicopedagógica no âmbito institucional considera o enfrentamento dessas duas forças, bem como compreende, na organização da instituição, a individualidade das pessoas, a comunidade na qual está inserida, bem como a cultura predominante, aspectos esses que caracterizam a complexidade dessa ação.

O objetivo deste texto é compartilhar uma ação psicopedagógica institucional no contexto do Serviço de Acolhimento Institucional para Crianças e Adolescentes (Saica) iniciada na gestão 2020-2022 e tendo continuidade na atual gestão (2023-2025).

Saica: conceito e finalidade

O Serviço de Acolhimento Institucional para Crianças e Adolescentes, conhecido como Saica, que já foi chamado de abrigo, consiste em uma unidade institucional semelhante a uma residência que acolhe crianças e adolescentes em medidas protetivas por determinação judicial e por requisição do Conselho Tutelar em decorrência de abandono, negligência e violência, ou pela impossibilidade de cuidado e proteção por sua família.

Acolhe no máximo 20 crianças ou adolescentes e é considerado um espaço seguro que busca preservar a saúde física-mental, resgatar a autoestima, bem como desenvolver o senso de pertencimento e oferecer atendimento e recursos para o fortalecimento das relações familiares e comunitárias dos acolhidos.

Parceria ABPp SP – Saica

No ano de 2020, o Fórum João Mendes buscava parceiros para atender os abrigos do município de São Paulo, pelo programa de Serviço de Acolhimento Institucional para Crianças e Adolescentes, que necessitavam de apoio psicopedagógico para os acolhidos.

Ocorre que, em decorrência do avanço do coronavírus, reconhecido como pandemia da Covid-19, pelo decreto da Organização Mundial de

Saúde (OMS), medidas governamentais impostas pela OMS, entre elas o isolamento social, exigiram de todos um aprender a aprender diante dessa demanda.

Deste modo, se inicialmente esteve associada à intervenção psicopedagógica dos acolhidos, a demanda depois se voltou para a equipe técnica, que também precisava ser acolhida e escutada, sinalizando, portanto, a necessidade da assessoria psicopedagógica.

O psicopedagogo na instituição (Bossa, 1994; Weiss, 1992), como um assessor, precisa acionar **a escuta** sobre o que a escola produz, sobre os sentidos que são atribuídos a essa produção, para então fazer uma análise das práticas escolares em suas relações com a aprendizagem, com vistas às transformações necessárias.

Segundo Handy (1989 *apud* Solé, 2001) assessorar é uma habilidade que requer atitude vicária — colocar-se no lugar do outro —, requer escuta e requer interpretar mais que teorizar.

Depreende-se disso que o psicopedagogo, como um **assessor**, deve, na análise institucional, buscar mais ouvir, mais refletir, mais influenciar do que liderar, a fim de obter indicadores da capacidade de mudança da escola, da **ONG**, lugar que, já dotado de organização e funcionamento, pode oferecer resistência, uma vez que "certas mudanças encontram sempre forças opostas, que tendem a manter a estabilidade mesmo quando necessárias" (Solé, 2001, p. 122).

E foi assim, fundamentadas nesse pressuposto, convictas de que a "assessoria não chega pronta com fórmulas", que as psicopedagogas voluntárias do projeto social, se colocando em uma postura atenta, puderam entender a queixa formulada dessa instituição.

A queixa não pode ser concebida apenas como uma frase falada, isto é, **não basta ouvir**. É preciso refletir sobre o significado da mensagem ouvida, e o ponto de partida para esse trabalho é a **escuta** que não julga, que não é valorativa, mas **hospitaleira**, para "acolher o que o outro diz na sua linguagem e no seu tempo próprio" (Dunker; Thebas, 2019), para extrair os sentidos

Tais necessidades/queixas eram demandadas por dois grupos/turnos de educadores(as): os diurnos e os noturnos. Sendo complementares, as ações dos primeiros são relativas ao aprendizado/ao desempenho escolar, ao comportamento, sendo as do grupo noturno voltadas à higiene do sono, à higiene pessoal, ao compromisso de "fazer a lição de casa", entre outras.

Em encontros mensais, na modalidade remota, nos anos de 2021 e de 2022 com um grupo de psicopedagogas voluntárias composto por supervisores e supervisionados, o gestor técnico e os educadores foram trazendo ao longo das reuniões necessidades específicas e individualizadas de determinadas crianças, sendo dois temas recorrentes: a (não) alfabetização e a questão comportamental.

A aproximação com o grupo de profissionais do Saica teve como disparador a aplicação do Par Educativo e a reflexão/discussão do filme *O Menino que Descobriu o Vento*.

A partir disso, contemplamos a (in)formação dos educadores no formato de oficinas sobre a linguagem, sobre o raciocínio lógico matemático, as habilidades socioemocionais bem como de temas específicos sobre os transtornos do neurodesenvolvimento, a fim de que pudessem, numa proposta de trabalho diferente da escola, de forma lúdica envolvendo todas as idades, estimular o desenvolvimento de habilidades preditoras e fundamentais para a leitura e a escrita, bem como para o raciocínio matemático.

Ainda que houvesse o planejamento de ações, fomos (as voluntárias) vivendo e convivendo com a rotina do serviço de acolhimento marcada pela rotatividade de acolhidos e de educadores exigindo do grupo flexibilidade para "alterar a rota" diante da imprevisibilidade, coincidindo com uma ideia de Deham (2003 *apud* Heumann; Cavalcante, 2018), que caracteriza a rotina como comportamentos ligados às atividades de vida diária e que podem ser construídos e desconstruídos de acordo com as demandas que se apresentam no contexto.

A título de exemplo, citamos a situação exposta pelo gestor técnico, em um dos nossos encontros, ao dizer: a rigor, com o fim da pandemia, os acolhidos voltaram à rotina escolar, mas, quando aparece um caso de Covid na escola, em determinada turma, precisamos cumprir uma portaria que é a de manter os alunos "em casa" por dez dias, modificando a logística do dia/semana; é preciso pensar em como manter esse jovem na casa enquanto os outros estão na escola, qual atividade propor e qual educador ficará responsável por isso.

Dinâmico é o cenário de um Serviço de Acolhimento Institucional para Crianças e Adolescentes: paradoxalmente, fomos aprendendo que a rotina de uma instituição de acolhimento é construída e desconstruída com muita frequência, mas mantém uma estabilidade no que diz respeito à preservação da saúde física-mental e da autoestima dos acolhidos.

Dinâmico também é o cenário das ações do Projeto Social, uma vez que o psicopedagogo voluntário, ao assinar o Termo de Compromisso do Associado, fica ciente de que a validade de tal documento "é de um semestre, podendo ser renovado por mais um semestre", e neste Serviço de Acolhimento o prazo ficou estendido, fato esse que garantiu a sistematização das propostas na formação continuada dos educadores e permitiu às psicopedagogas concluírem "seu tempo" de trabalho voluntário.

Finalizamos uma exitosa etapa de intervenção psicopedagógica no âmbito institucional na modalidade remota e recomeçamos outra.

Mantida a parceria com essa instituição, assumimos a assessoria (re)iniciando, na gestão 2023-2025, as atividades na modalidade híbrida com encontros formativos presenciais e remotos e para atender aos dois turnos de educadores — o mesmo tema era discutido em dois meses sequenciais.

A fim de mapear os interesses e necessidades dos educadores (sempre tem gente nova na casa) para essa nova etapa, foi encaminhado um questionário via Google Forms contendo questões gerais e específicas, a saber:

1. Há quanto tempo você trabalha em Serviço de Acolhimento?

2. Sua melhor habilidade/facilidade no trabalho diz respeito a...

3. Sua relativa habilidade/dificuldade no trabalho diz respeito ao...

4. Indique um tema que seja do seu interesse.

5. Dos temas a seguir, indique qual você acha necessário saber/aprender mais para o seu trabalho no Saica:

6. a. jogos; b. leitura e escrita; c. raciocínio; d. atenção, memória.

7. Considere a seguinte situação: Fulano bateu/xingou Sicrano. Como você entende/classifica tal comportamento?

O planejamento do trabalho psicopedagógico foi delineado a partir do perfil dos educadores identificado pelos seus interesses e necessidades.

A demanda nesta etapa esteve voltada para a temática da pluralidade e da diversidade, pois, como afirma o gestor técnico do Saica, cada uma das crianças tem seu limite, sua dificuldade, sua deficiência e suas possibilidades, sendo necessária a devida atenção às necessidades específicas de cada um e de todos.

Nesse sentido, os encontros formativos são uma forma de os profissionais se apropriarem das especificidades que permeiam a instituição de acolhimento e oportunizam, como afirma Trivelato *et al.* (2013 *apud* Furtado *et al.*, 2019), um modo pelo qual eles consigam lidar com as particularidades dos comportamentos apresentados pelas crianças que vivenciam a realidade do acolhimento institucional.

Na prática, o que fizemos?

Intercalamos encontros remotos de caráter teórico com encontros presenciais de caráter teórico/prático, que são replicados para atender aos educadores dos dois turnos.

Remotamente, os encontros são de natureza teórica acerca de um tema, em que as ideias fundamentais são discutidas.

O tema das Funções Executivas tem sido o mote de nossos encontros: seu conceito, seus componentes e a inter-relação desses componentes no cotidiano de suas funções.

Recorremos às situações da vida real para estimular as funções executivas: na lavanderia, por exemplo, os jovens têm autonomia para cuidar da roupa, mas não sabem como e o que fazer. Entre outros, um distrator na lavanderia é o próprio produto de limpeza com rótulos e formatos semelhantes, mas com finalidades distintas, sendo o lavar roupa uma tarefa que envolve componentes executivos como atenção, planejamento, flexibilidade cognitiva.

Situação semelhante ocorre com o refeitório, uma tarefa que exige dos jovens "cautela" para se servir — é preciso recrutar o freio inibitório para controlar e o planejamento para saber o que comer.

Buscamos traçar um paralelo entre os componentes das funções executivas — memória de trabalho, freio inibitório, flexibilidade cognitiva — com as questões do cotidiano da casa em diferentes cenários (refeitório, lavanderia, entre outros), a fim de romper com a rotina disfuncional tanto dos educadores como dos educandos que, por força do hábito, não utilizam estratégias mais assertivas.

Presencialmente realizamos uma dinâmica para refletir sobre as habilidades/possibilidades/limites de um e de todos, dada a diversidade que compõe o grupo (da equipe de trabalho e dos acolhidos), e oficina de jogos, em que pudemos identificar habilidades e funções cognitivas e executivas envolvidas.

Compartilhamos a dinâmica realizada, dado o efeito positivo dela.

Fizemos uma adaptação da charge, frequentemente atribuída ao cartunista Joel Pett, que mostra um professor na frente de diferentes animais — um pássaro, um macaco, um pinguim, um elefante, um peixe em um aquário, uma foca e um cachorro —, dizendo a frase: "Para uma seleção justa, todos farão o mesmo exame: escalar aquela árvore".

Transformamos a charge, distribuímos cartões com esses mesmos animais e dissemos a mesma frase. Tal atividade mobilizou os educadores de tal modo que, identificados com seus personagens, puderam vivenciar as possibilidades e limites de cada um e pensar sobre a ineficácia de aplicarmos uma mesma atividade ou adotar a mesma conduta para todos, desconsiderando que cada um conta com diferentes experiências, bagagens, tempos, ritmos, conhecimentos, formas e modos de aprender.

Na Oficina de Jogos, os educadores puderam vencer desafios, simular questões e criar hipóteses de soluções para os problemas colocados, pois o jogo é um facilitador da aprendizagem, e não somente uma ferramenta voltada para o entretenimento, como afirmam alguns autores.

E o percurso continua: o dinamismo de um serviço de acolhimento nos convoca à reinvenção, ao aprender e reaprender e a prosseguir.

Um novo planejamento de trabalho está a caminho!

Referências

BOSSA, N. A. **A psicopedagogia no Brasil**: contribuições a partir da prática. Porto Alegre: Editora Artes Médicas, 1994.

DUNKER, C.; THEBAS, C. **O palhaço e o psicanalista**: como escutar os outros pode transformar vidas. São Paulo: Planeta, 2019.

FERNÁNDEZ, A. **A inteligência aprisionada**. Porto Alegre: Editora Artes Médicas, 1990.

FURTADO, M. P. *et al.* Profissionais do acolhimento institucional: a atuação perante a chegada de uma criança. **Mudanças**, São Paulo, v. 27, n. 1, p. 11-20, jun. 2019. Disponível em: http://pepsic.bvsalud.org/scielo.php?script=sci_arttext&pid=S0104-32692019000100002&lng=pt&nrm=iso. Acesso em: 28 jan. 2025.

HEUMANN, S.; CAVALCANTE, L. L. C. Rotinas de crianças e adolescentes em acolhimento institucional: estudo descritivo. **Arquivos Brasileiros de Psicologia**, Rio de Janeiro, v. 70, n. 2, p. 22-37, 2018.

SOLÉ, I. **Orientação educacional e intervenção psicopedagógica**. Porto Alegre: Artmed, 2001.

WEISS, M. L. L. **Psicopedagogia clínica**: uma visão diagnóstica. 2. ed. Porto Alegre: Artes Médicas, 1992.

ÉTICA E FORMAÇÃO NA PSICOPEDAGOGIA: REFLEXÕES NO CONTEXTO DO PROJETO SOCIAL DA ABPp SEÇÃO SÃO PAULO

Carla Labaki

> *A vida nos é oferecida sem manual ou instruções. A ética, por sua vez, não pode resolver essa ausência, pois é apenas a história das tentativas humanas de lidar com essa lacuna...*
>
> *(Fernando Savater)*

O que significa refletir sobre ética no contexto do Projeto Social da Associação Brasileira de Psicopedagogia Seção São Paulo (ABPp SP)? Ao discutirmos ética dentro da prática psicopedagógica, estamos falando de formação ou de princípios éticos? Na verdade, tratamos de ambas as questões, pois estão entrelaçadas: uma postura ética sólida é essencial para uma formação integral — tanto como profissional quanto como ser humano.

O filósofo espanhol Fernando Savater (2005), em seu livro Ética para meu filho, e Yves de La Taille (2011), em sua obra Ética para meus pais, inspirada nos escritos de Savater, exploram a ética nas pequenas ações cotidianas de forma brilhante, simples e profunda. Suas reflexões nos conduzem a análises complexas ao nos depararmos com dilemas e decisões que parecem triviais, mas que nos convidam a refletir sobre nossas atitudes diante dos desafios diários em nossos relacionamentos — seja com nossos pares, filhos ou colegas de trabalho. Então, como considerar a ética em nossa prática profissional? Afinal, nossa atuação profissional também reflete nossos valores pessoais.

Ética e moral

Os termos «ética» e «moral» dizem respeito ao comportamento humano e são complementares, embora tenham origens e significados diferentes. "Ética" deriva do grego éthos, que significa "modo de ser", enquanto "moral" vem do latim *mores*, que se refere a "costumes". Ambos os conceitos lidam com os padrões e normas de convivência e de comportamento estabelecidos pelas diferentes sociedades.

Na prática, ética e moral também se distinguem. A moral é um conjunto de normas que regula costumes e valores de uma sociedade, definindo o que é considerado certo ou errado, visando assegurar a boa convivência. Contudo, a moral é variável e moldada por fatores como contexto histórico, localização geográfica, religião e ideologia predominante. O que é moralmente aceito em uma época ou cultura pode ser considerado inadequado em outra. Sendo assim, a moral é mutável, influenciada por demandas coletivas e ideológicas, e apresenta um caráter normativo, sugerindo padrões de certo e errado. Ela incita e, muitas vezes, exige um senso de dever e obrigatoriedade.

A norma moral é uma lei que, ao longo do tempo, pode perder sua legitimidade e ser transformada. Já a ética representa a reflexão crítica sobre esses princípios reguladores, ou seja, a reflexão sobre os costumes e as normas; sobre os valores que sustentam esses costumes; sobre a moral vigente e sobre as interações humanas. Podemos, portanto, pensar num código de conduta pessoal, tendo como base as normas reguladoras. A Ética pressupõe a distinção entre o bem e o mal. É ela que permite a transformação dos valores morais.

Não devemos ser guiados exclusivamente por normas, pois isso poderia limitar nossas ações e inibir nossa capacidade de escolha. O espaço para o livre-arbítrio existe, desde que exercido sem infringir os princípios éticos. A questão que surge, então, é: até onde pode se estender esse livre-arbítrio? Uma liberdade plena não é viável; as normas são essenciais para a convivência.

Assim, há sempre um espaço para escolhas individuais — seja em preferências teóricas, times de futebol e correntes políticas, por exemplo —, mas essas decisões devem estar sempre de acordo com os preceitos éticos.

O Código de Ética do Psicopedagogo

A ética pressupõe normas reguladoras de conduta, e, na psicopedagogia, essas normas estão formalizadas no Código de Ética do Psicopedagogo, que orienta as ações do fazer psicopedagógico. As normas são fundamentais como princípios, mas, como mencionado, podem perder legitimidade com o tempo e, quando isso ocorre, a revisão e a transformação do Código de Ética tornam-se necessárias.

Segundo La Taille (2002), há uma sensação de "mal-estar" ético que caracteriza o século XXI e exige que repensemos o contrato social entre os indivíduos, discutindo valores e princípios e incorporando-os em projetos educacionais. A sociedade contemporânea, neoliberal, marcada pelo individualismo exacerbado, pela performance, pela banalização da violência e pela exposição massiva e indiscriminada, caracteriza-se por mudanças rápidas e constantes, tanto do ponto de vista tecnológico quanto do ponto de vista dos costumes. Isso implica novos paradigmas e novos valores e, consequentemente, novas normas. A recente pandemia do coronavírus, por exemplo, impactou todas as esferas da vida e trouxe à tona a necessidade de repensar nossas ações e normas de conduta. A questão da comunicação virtual, em suas vertentes positiva e negativa, é um exemplo disso.

A ética na prática profissional psicopedagógica requer um movimento constante de reflexão e revisitação do Código de Ética do Psicopedagogo, que atua como guia e sustenta a atuação ética orientada pelo altruísmo — ou seja, colocando o outro em perspectiva.

Nilson Machado, professor livre docente da Faculdade de Educação da Universidade de São Paulo (Feusp), em palestra proferida no IV Simpósio Nacional de Psicopedagogia da ABPp (2023), enfatiza que a consciência envolve uma "ação consciente" — uma dupla ciência, que inclui o conhecimento de si e do outro. Ninguém é verdadeiramente consciente sem conhecer tanto a si mesmo quanto o outro. Em um relacionamento ético, o "eu" e o "outro" devem estar em um mesmo plano, sem hierarquias. A escravidão, por exemplo, é o oposto da ética, pois pressupõe um "eu" que subjuga um "outro".

Uma prática psicopedagógica ética deveria estar pautada nesse conceito de ação consciente proposto por Machado. Quando um psicopedagogo atende um aprendente — seja ele adulto, criança, adolescente ou mesmo uma instituição —, ele se transforma e revisita caminhos que já percorreu como aprendiz. Se pensarmos no símbolo da psicopedagogia, fita de Möbius, ele é bastante significativo, pois representa um caminho constante. Na práxis psicopedagógica, o profissional deve se colocar no lugar daquele que também aprende. Ensinar e aprender são posições que devem ser ocupadas dialeticamente tanto por quem ensina quanto por quem aprende.

O Código de Ética do Psicopedagogo oferece a base para uma prática ética e comprometida, complementada pela formação contínua, que envolve supervisão, análise pessoal e participação em eventos e cursos de atualização. Esse desenvolvimento constante e a contínua consulta ao Código de Ética contribuem para a construção da identidade do psicopedagogo e, mais amplamente, da própria psicopedagogia. Essa identidade é sustentada por uma prática ética clara e comprometida, que respeita as competências de cada profissional, delimitando com precisão o papel do psicopedagogo, especialmente em uma área com múltiplas interfaces, como é o caso da Psicopedagogia.

No Capítulo I, Art. 1º, o Código de Ética do Psicopedagogo estabelece essa delimitação ao afirmar que

> A Psicopedagogia é um campo de conhecimento e ação interdisciplinar em Educação e Saúde com diferentes sujeitos e sistemas, quer sejam pessoas, grupos, instituições e comunidades. Ocupa-se do processo de aprendizagem considerando os sujeitos e sistemas, a família, a escola, a sociedade e o contexto social, histórico e cultural. Utiliza instrumentos e procedimentos próprios, fundamentados em referenciais teóricos distintos, que convergem para o entendimento dos sujeitos e sistemas que aprendem e sua forma de aprender (Associação Brasileira de Psicopedagogia, 2019, p. 1).

O Código de Ética do Psicopedagogo é uma das diretrizes fundamentais da psicopedagogia. Quando o psicopedagogo enfrenta dúvidas sobre sua atuação, ele deve recorrer ao Código para obter orientação e clareza. Sem essa fundamentação ética, arriscamos banalizar e desqualificar tanto a prática psicopedagógica quanto a própria área da psicopedagogia.

Assim como a sociedade é um organismo em constante transformação, o Código de Ética do Psicopedagogo também responde a essas mudanças, adaptando-se a novos contextos e necessidades, garantindo que a prática psicopedagógica permaneça relevante, ética e comprometida com a transformação dos tempos.

Essas transformações e novas demandas da sociedade tornam o Código de Ética do Psicopedagogo um documento vivo, que deve estar em constante reformulação. Criado inicialmente no biênio de 1991/1992 pelo Conselho Nacional da ABPp, o código foi reformulado no biênio 1995/1996, e, novamente, revisado pelas Comissões de Ética do Conselho Nacional nos triênios de 2008/2010 e 2011/2013, com sua quinta e última atualização tendo ocorrido em 2019, sempre acompanhando as diretrizes do Código Civil brasileiro.

O Projeto Social da ABPp Seção São Paulo: prática e formação ética

O Estatuto Associativo da Associação Brasileira de Psicopedagogia Seção São Paulo estabelece, no Capítulo II, Art. 2º, que

> A ABPp – Seção São Paulo tem por missão promover o desenvolvimento e divulgação da Psicopedagogia, no âmbito de atuação de seu território, ou seja, no Estado de São Paulo, visando ao aprimoramento técnico-científico de seus associados e da sociedade (Associação Brasileira de Psicopedagogia, 2023, p. 1).

O Projeto Social da ABPp Seção São Paulo tem por objetivo o aprimoramento técnico-científico dos associados voluntários. Foi criado em 2011, como parte da estratégia de consolidar a identidade do psicopedagogo enquanto profissional da aprendizagem. Esse projeto tem duas funções principais: oferecer atendimento a pessoas sem acesso ao atendimento psicopedagógico clínico, e contribuir para a formação dos psicopedagogos.

O trabalho social voluntário e não remunerado, conforme previsto na Lei 13.297/2016, é realizado por associados adimplentes da ABPp Seção São Paulo e atende crianças, adolescentes e adultos. A intervenção psicopedagógica ocorre na instituição escolar onde o aprendente está matriculado ou no consultório particular do associado voluntário, com sessões semanais que devem seguir rigorosamente os princípios do Código de Ética do Psicopedagogo. Assim, o associado voluntário, além de ganhar experiência prática no atendimento, recebe supervisão gratuita dos associados titulares da ABPp Seção São Paulo.

O Projeto Social, como prática psicopedagógica, exige reflexões e aprimoramentos constantes, que possibilitam o desenvolvimento da identidade profissional e da formação continuada.

Outra questão de suma importância na prática psicopedagógica e, portanto, na prática do associado voluntário do Projeto Social é o compromisso com a continuidade do atendimento clínico pelo período estabelecido no contrato firmado inicialmente. Uma das ferramentas fundamentais para o trabalho psicopedagógico, e que deve ser preservada durante todo o período de atendimento, é o vínculo que vai se construindo entre o aprendente e o psicopedagogo e entre a família e o psicopedagogo. Sem ele, o trabalho não acontece. O espaço de acolhimento e de escuta que se estabelece no *setting* psicopedagógico é que possibilita a construção de uma atmosfera de confiança e, portanto, a vinculação.

Winnicott (1990) define o conceito de *holding* como uma preocupação materna primária que dá suporte egoico ao bebê. Esse estado seria uma condição psicológica muito especial da mãe na fase inicial da vida do bebê. Ela alcança um estado de sensibilidade exacerbada, que permite a possibilidade de se adaptar sensível e delicadamente às necessidades do bebê nas primeiras semanas de vida e é de fundamental importância para a estruturação psíquica da criança, para que as tendências ao desenvolvimento comecem a se manifestar. Normalmente, nesse estado, as mães excluem qualquer outro tipo de interesse, de maneira normal e por algum tempo. A mãe realiza em si uma adaptação ativa suficientemente boa às necessidades do seu bebê. Quando isso não ocorre — e dá-se um colapso no ambiente —, pode haver interrupção ou falhas no processo de desenvolvimento.

Também na clínica psicopedagógica, o *holding* deve estar presente e é de fundamental importância, tanto no trabalho com o aprendente quanto no trabalho com a família. Há a necessidade de acolhimento e sustentação. O psicopedagogo, assim como a mãe suficientemente boa, deve se adaptar suficientemente bem às necessidades do aprendente, as quais vão se modificando e exigindo novas adaptações, num movimento constante.

Segundo Kehl, "o analista se apresenta, desde o primeiro encontro, como alguém disposto a escutar tudo o que não se costuma dizer" (Kehl, 2023, p. 135). Assim também o psicopedagogo. Ele será o interlocutor do aprendente e o auxiliará na construção de sentidos em relação ao seu processo de aprendizagem. Segundo o filósofo alemão Walter Benjamin, o que transforma uma vivência em experiência é que o vivido possa ser transformado em narrativa comunicável, com sentido construído. O próprio narrador do vivido o transforma em experiência. O espaço psicopedagógico é um espaço que pode promover a construção de sentidos, transformando as vivências em experiências.

Em vista disso, o encerramento do trabalho psicopedagógico com o aprendente, seja após o período estabelecido inicialmente ou resultado de algum imprevisto que surja ao longo do processo, deve ser feito cuidadosamente, sem o abandono abrupto do caso e com o devido compromisso com o aprendente e sua família.

Como coloca Savater (2005, p. 139), "não é possível ser humano sem considerar os seus semelhantes. A humanidade do outro sempre compromete a minha". Esse pensamento implica respeitar o outro em sua totalidade. Respeitar o outro que se parece comigo é muito mais fácil do que respeitar o outro que é diferente, que desperta sentimentos ambíguos e, muitas vezes, de impotência no psicopedagogo. Sustentar o vazio, a angústia do não saber, a dificuldade do outro de aprender é tarefa árdua, que exige compromisso, ética e formação.

O trabalho voluntário no projeto social é uma experiência intensa e rica em aprendizado, demandando uma postura ética, moral e comprometida com o outro, que nem sempre é nosso igual. Por isso, a supervisão, a atualização profissional contínua e a análise pessoal são essenciais. Para Kehl (2023, p. 135), "[...] o primeiro compromisso ético de um analista, no sentido mais estrito das exigências de uma 'ética profissional', é com sua própria análise". A análise pessoal dá suporte ao profissional e permite que ele se mantenha separado e discriminado de seu aprendente. Uma vez que no atendimento clínico psicopedagógico a intersubjetividade está presente e atuando, faz-se necessário o trabalho pessoal.

O mesmo compromisso que se espera do associado voluntário se estende aos supervisores voluntários — associados titulares. O papel do supervisor também demanda uma adaptação às necessidades do supervisionando e do caso supervisionado, e aqui também se constrói um vínculo de confiança, que deve ser considerado.

Assim como o psicopedagogo deve manter seu engajamento ao longo do processo de atendimento, também é necessário o compromisso do aprendente e de sua família. Em muitos casos, o caráter gratuito do serviço pode levar à falta de assiduidade às sessões ou ao abandono do processo, o que pode retirar do aprendente a oportunidade de ter um espaço de desenvolvimento e, consequentemente, gerar sentimentos de frustração e de impotência no profissional.

Outro ponto de crucial importância é a questão do sigilo. Isso também está previsto no Código de Ética do Psicopedagogo, Capítulo III, Art. 7º: "o psicopedagogo deve manter o sigilo profissional e preservar a confidencialidade dos dados obtidos em decorrência do exercício de sua atividade" (Associação Brasileira de Psicopedagogia, 2019, p. 3).

O espaço de atendimento psicopedagógico é um espaço privado no qual o aprendente necessita ter garantia de que sua privacidade, sua intimidade e seus segredos serão preservados. O parecer psicopedagógico deverá ser elaborado considerando a privacidade do cliente e só poderá ser fornecido à família e a terceiros interessados mediante autorização do aprendente e de sua família.

"A privacidade parece corresponder a uma necessidade humana e suas formas variam de época para época e de cultura para cultura" (La Taille, 2002, p. 137). Na sociedade contemporânea, o limite entre o público e o privado está cada vez mais tênue e isso é alimentado ainda mais com o advento das redes sociais. As postagens de divulgação profissional, de divulgação de eventos e de serviços psicopedagógicos devem ser feitas de maneira muito criteriosa e seguir o que prevê o Código de Ética do Psicopedagogo, no Capítulo III, Art. 6º, parágrafo 1º: "O psicopedagogo ao promover publicamente a divulgação de seus serviços, por meio de recursos físicos e/ou virtuais, deverá fazê-lo de acordo com as normas da ABPp e os princípios deste Código de Ética" (Associação Brasileira de Psicopedagogia, 2019, p. 3).

Os riscos do abuso de poder

O fato de o Projeto Social ser um trabalho voluntário por parte dos profissionais envolvidos também traz a necessidade de algumas reflexões, como, por exemplo, o risco do abuso de poder.

> [...] na vida cotidiana, a consciência nos incomoda quando nos entregamos além da conta ao desejo de poder. Mas o sentimento de culpa desaparece por completo da consciência quando nossas ações, ainda que inconscientemente motivadas pelo desejo de poder, são conscientemente jus-

> tificadas por algo supostamente correto e bom. [...] Mesmo os feitos mais nobres se baseiam em motivações ao mesmo tempo puras e impuras, luminosas e sombrias (Guggenbühl-Craig, 2022, p. 19).

Segundo Guggenbühl-Craig, quanto mais o profissional se ilude que oferece seus serviços somente por motivações altruístas, mais seu desejo sombrio de poder poderá atuar sem que ele tenha consciência.

Portanto, todo profissional que atua principalmente em projetos sociais, deve estar atento aos riscos de um eventual abuso de poder. No caso do Projeto Social da ABPp Seção São Paulo, uma das possíveis formas de manifestação desse risco é o uso indevido do lugar de suposto saber em que o profissional pode muitas vezes ser colocado pela família e/ou pelo aprendente. É comum que o aprendente e/ou seus familiares e/ou a própria instituição de ensino projetem no psicopedagogo a imagem daquele que encontrará todas as soluções para os problemas de aprendizagem. Essa expectativa pode despertar dois sentimentos opostos, mas igualmente paralisantes, no profissional da psicopedagogia. Ou ele se percebe impotente por não se sentir capaz de atender a tais expectativas, ou ele assume, inconscientemente, essas projeções e pode passar a ter uma atitude diretiva e impositiva, que não considera o aprendente como sujeito de seu processo.

Segundo Guggenbühl-Craig (2022, p. 86), "Não é fácil, para a psique humana, suportar a tensão das polaridades. O ego ama a clareza e tenta sempre erradicar a ambivalência interior". Porém, para que o psicopedagogo se mantenha no estado desejado de potência, é fundamental que ele suporte o estado constante de ambivalência que sua atividade exige. Nem sábio absoluto, nem ignorante total, o psicopedagogo deve, como propõe Sara Paín, explorar a função positiva da ignorância como norteador de seu trabalho.

Mestre não é quem sempre ensina, mas quem de repente aprende.

(Rosa, 1994)

Referências

ASSOCIAÇÃO BRASILEIRA DE PSICOPEDAGOGIA. **Código de ética do psicopedagogo**, 5. ed. rev. e ampl. São Paulo: ABP, 2019.

ASSOCIAÇÃO BRASILEIRA DE PSICOPEDAGOGIA. **Estatuto Associativo**, São Paulo, 2023. Disponível em: https://www.ABPp.com.br/wp-content/uploads/2020/11/codigo_de_etica.pdf. Acesso em: 21 de abr. 2025.

GUGGENBÜHL-CRAIG, A. **O abuso do poder na psicoterapia**. 5. reimpr. São Paulo: Paulus, 2022.

KEHL, M. R. Uma ética do bom senso: conselhos de Donald Winnicott a jovens mães. *In*: WINNICOTT, D. W. **Bebês e suas mães**. 1. reimpr. São Paulo: Ubu Editora, 2020. p. 7-13.

KEHL, M. R. Ética e psicanálise. 2. ed. rev. e ampl. São Paulo: INM Editora, 2023.

LA TAILLE, Y. **Limites**: três dimensões educacionais. 3. ed. São Paulo: Ática, 2002.

LA TAILLE, Y. Ética para meus pais. São Paulo: Ática, 2011.

ROSA, J. G. **Grande sertão**: veredas. Rio de Janeiro: Nova Aguilar, 1994.

RUBINSTEIN, E. R. (org.). **Psicopedagogia**: fundamentos para a construção de um estilo. São Paulo: Casa do Psicólogo, 2006.

SAVATER, F. Ética para meu filho. São Paulo: Planeta do Brasil, 2005.

WINNICOTT, D. W. **O Ambiente e os Processos de Maturação**: Estudos sobre a Teoria do Desenvolvimento Emocional. Porto Alegre: Artes Médicas, 1990.

WINNICOTT, D. W. **Da pediatria à psicanálise**: obras escolhidas. Rio de Janeiro: Imago, 2000.

SOBRE AS AUTORAS

Ariane Zanelli de Souza
Pedagoga pela PUC-SP com especialização em Problemas de Áudio Comunicação; especialização em Logopedia e Fonoaudiologia pelo Instituto de Ciencias del Hombre, de Madri; especialização em Psicanálise em Oncologia Pediátrica pela Unifesp; psicopedagoga titular reconhecida pela ABPp SP; atuação clínica desde 1990; supervisora clínica; conselheira estadual da ABPp SP nas gestões 2017-2019, 2020-2022 e 2023-2025.

Carin Homonnay Petti
Jornalista graduada pela PUC-SP e psicopedagoga clínica formada pelo Mackenzie. Também cursou Ciências Sociais na Universidade de São Paulo. Desde 2023, integra o projeto Sementes do Amanhã, da ABPp SP. Paralelamente, escreve sobre educação e outros temas para o jornal *Valor Econômico*.

Carla Gonçalves Jaquetto
Especialista em Psicopedagogia pela Universidade Presbiteriana Mackenzie/SP. Mais de 16 anos de experiência na área da educação. Especialista em Gestão do Conhecimento. Experiência em projetos de treinamento e desenvolvimento, coordenação e planejamento de atividades da área de departamento pessoal, criação de conteúdo de treinamento adaptado para diferentes estilos de aprendizado. Especialização em Gestão Estratégica do Conhecimento e da Inovação. Mentora psicopedagógica. Mediadora PEI 1, pelo Centro Brasileiro da Modificabilidade (CBM). Bacharel em Administração de Empresas.

Carla Labaki
Graduada em Pedagogia pela Faculdade de Educação da USP; especialização em Psicopedagogia pelo Instituto Sedes Sapientiae/SP; diretora cultural da ABPp Seção São Paulo, gestões 2005/2007, 2008/2010; conselheira estadual da ABPp Seção São Paulo desde 2011; associada titular da ABPp; atuação em psicopedagogia clínica com crianças e adolescentes desde 1993, supervisiona clínica.

Cristiane Pascoal Zouki

Graduada em Letras e Pedagogia. Especialização em Gestão de Comunicação e Psicopedagogia. Licenciada em Letras, Pedagogia e Gestão Escolar. Especialização em Gestão de Comunicação (ECA/USP) e Psicopedagogia (Anhembi Morumbi). Membro da ABPp, voluntária do Projeto Seção São Paulo. Experiência de mais de 15 anos com crianças e adolescentes em Educação Bilíngue no Brasil e no exterior. Experiência em Educação Socioemocional e Construtivista. Professora polivalente e especialista em Educação Infantil, Ensino Fundamental I e II. Coordenadora e professora de Dança e Expressões Culturais e Artísticas Escolar e Institucional. Gestora de equipe e empreendedora. Apaixonada por educação, arte, natureza e pelas crianças, que são nosso futuro.

Elisa Maria Pitombo

Pedagoga pela USP. Psicopedagoga pelo Instituto Sedes Sapientiae. Mestra em Psicologia pela USM. Docente de cursos de Pedagogia e Psicopedagogia. Membro da revista *Construção Psicopedagogia* e do Núcleo de Assistência Social do Instituto Sedes Sapientiae. Coordenadora de grupos de estudos e supervisora. Atendimento clínico, presencial e remoto.

Greicy Rodrigues Gasbarra

Graduada em Pedagogia com pós-graduação em Psicopedagogia e Neuropsicopedagogia Clínica. Experiência de sete anos como professora e quatro anos como psicopedagoga clínica, atuando em diagnóstico e intervenção de dificuldades de aprendizagem.

Inez Maia Melchiades Gomes

Psicopedagoga e neuropsicopedagoga. Supervisora de ensino e gestora escolar por mais de 30 anos. Graduada e licenciada em Pedagogia, História e Ciências Sociais.

Luciana Andréa Afonso Sigalla

Doutora e mestra em Educação – Psicologia da Educação, pela Pontifícia Universidade Católica de São Paulo (PUC-SP). Licenciada em Letras – Português-Inglês e em Pedagogia. Especialista em Psicopedagogia, Educação Social e Psicomotricidade. Psicopedagoga clínica e docente convidada em cursos de especialização. Associada efetiva da Associação Brasileira de Psicopedagogia Seção São Paulo (ABPp SP) e voluntária do Projeto Social da ABPp SP.

Marcella Frazão Nogueira

Formada em Pedagogia (2019) e Psicopedagogia (2021) pelo Instituto Singularidades. Qualificação em Transtornos do Neurodesenvolvimento, Nani/Unifesp/Escola Paulista de Medicina (2024); Transtornos do Neurodesenvolvimento e Dificuldades Motoras, USP (extensão; 2023); A Psicopedagogia e Formas de Pensar a Aprendizagem, Instituto Sedes Sapientiae (2019). ONG Colmeia – Psicopedagoga. Trabalha com funções executivas utilizando jogos (2022-2024).

Maria Cristina Natel

Pedagoga; psicopedagoga. Mestra em Ciências pela Unifesp. Docência em cursos de Pós-Graduação Lato Sensu de Psicopedagogia. Docência em curso EaD de Psicopedagogia Institucional Semipresencial Orientação de TCC em EaD. Presidente da Associação Brasileira de Psicopedagogia Seção São Paulo (ABPp SP) (gestões 2011-2013 e 2017-2019). Conselheira vitalícia da ABPp SP. Membro do Comitê Editorial Nacional da *Revista da Associação Brasileira de Psicopedagogia*. Coordenadora do Projeto Social da ABPp SP. Coordena grupos de estudo nos temas Aprendizagem, Psicopedagogia, Educação e Inclusão. Atuação em consultório para avaliação, intervenção das dificuldades de aprendizagem e supervisão clínica.

Mônica Hoehne Mendes

Pedagoga, especialista em Psicopedagogia; curso de formação pela Escuela de Psicopedagogía de Buenos Aires (E.PSI.BA); mestra em Psicologia. Presidente da Associação Brasileira de Psicopedagogia (ABPp) no biênio 1991/1992. Conselheira vitalícia da ABPp Nacional e Seção SP. Presidente fundadora da ABPp Seção São Paulo, 2003/2007. Docente em cursos de Psicopedagogia presencial e produtora de conteúdo para cursos EaD; membro do Conselho Editorial da *Revista da Associação Brasileira de Psicopedagogia*; com artigos publicados em livros e periódicos; coordenadora de grupos de estudo e supervisão; atendimento clínico em consultório particular.

Paula R. M. F. de C. Santos
Graduação em Pedagogia pela Universidade de Brasília (UnB) e pela Faculdade Costa Braga de São Paulo. Pós-graduação em Psicopedagogia pela Universidade Santo Amaro (Unisa). Especialização em Neurociências e Psicomotricidade, pelo Núcleo Irene Maluf/Universidade de Tecnologia de Palmas/TO. Pós-graduação em Neuropsicologia pela Unifesp. Diretora secretária ABPp Seção SP nas gestões 2020-2022 e 2023-2025. Associada titular da ABPp SP. Mediadora de Enriquecimento Instrumental PEI Básico e PEI I, pelo CBM/Instituto Internacional Feuerstein. Psicopedagoga clínica e institucional.

Rebeca Lescher Nogueira de Oliveira
Graduação em Pedagogia pela Pontifícia Universidade Católica de São Paulo. Habilitação em Distúrbios do Áudio-Comunicação. Especialização em Psicopedagogia pelo Instituto Sedes Sapientiae/SP. Psicopedagoga clínica e institucional, assessora de projetos sociais do terceiro setor, coordenadora e supervisora do Projeto Social da Associação Brasileira de Psicopedagogia Seção São Paulo (ABPp SP), professora convidada da pós-graduação dos cursos de Psicopedagogia da Universidade Presbiteriana Mackenzie e do Instituto de Ensino e Pesquisa do Einstein. Presidente da ABPp SP, triênio 2020-2022.

Ruth Nassiff
Pedagoga, psicopedagoga clínica e institucional, pós-graduada pelo Instituto Saber, Neurociência – Transtornos do Aprender, Psicopedagogia e Psicanálise, especialização em Psicopedagogia pelo Sedes Sapientiae; especialização em Terapia de Família e Casal pelo Instituto de Terapia de Família e Casal (ITFSP). Mediadora do Programa de Enriquecimento Instrumental (PEI 1 e 2), pelo Centro de Modificabilidade Brasileiro, atendimento psicopedagógico clínico e institucional na Esfera Psicopedagógica. Orientação profissional. Terapeuta de família e casal. Experiência em escolas da rede pública e privada, e em ONGs como formadora de professores, diretora, coordenadora pedagógica e orientadora educacional da rede privada. Diretora cultural da Associação Brasileira de Psicopedagogia da Seção São Paulo (ABPp SP), gestões 2015-2016 e 2017-2019. Diretora cultural adjunta da ABPp SP, gestão 2020-2022. Diretora presidente da ABPp SP, triênio 2023-2025.

Sandra Casseri Rindeika

Associada titular e conselheira da Associação Brasileira de Psicopedagogia da Seção São Paulo (ABPp SP); psicopedagoga clínica há mais de 30 anos, formada pelo Instituto Sedes Sapientae/SP e pela EPISiBA Alicia Fernández. Neuropsicomotricista, supervisora, professora em cursos de Psicopedagogia, assessora de projetos educacionais e de inclusão.

Sandra Lia Nisterhofen Santilli

Pedagoga e psicopedagoga. Experiência no desenvolvimento de pessoas com deficiência intelectual e na orientação de educadores no âmbito institucional. Presidente da Associação Brasileira de Psicopedagogia da Seção São Paulo (ABPp SP), gestão 2014/2016, atualmente conselheira vitalícia na Seção São Paulo e cocoordenadora do Projeto Social ABPp Seção São Paulo Sementes do Amanhã.

Silvana de Jesus Ribeiro da Silva

Psicopedagoga clínica. Associada da Associação Brasileira de Psicopedagogia da Seção São Paulo – ABPp SP (1997). Graduada em Pedagogia pela Universidade Metodista de São Paulo (2011). Pós-graduada em Alfabetização pelo Centro de Estudos da Escola da Vila (2014). Pós-graduada em Psicopedagogia Clínica e Institucional pela Universidade Metodista de São Paulo (2018). Pós-graduada em Neuropsicopedagogia Clínica, Unesvi (2024).

Solange Papa

Graduada em Pedagogia, pós-graduada em Psicopedagogia e Neuropsicopedagogia. Curso de extensão universitária na área de Neurodesenvolvimento e Funções Executivas; Neurociência e Aprendizagem. Professora por 33 anos, atualmente participando de forma voluntária no Projeto Social da Associação Brasileira de Psicopedagogia da Seção São Paulo (ABPp SP).

Sônia R. de Lucca

Professora, pedagoga pela Universidade Metodista de Piracicaba (Unimep), psicopedagoga, neuropsicopedagoga clínica e institucional, neuropsicóloga, especialista em Educação Especial e Inclusiva; mestre em Educação pela Universidade São Francisco (USF); docência em cursos de pós-graduação lato sensu de Psicopedagogia; coordenadora voluntária de organização social civil desde 1999. Atuação em consultório: avaliação e intervenção das dificuldades de aprendizagem, desde 1986. Titular pela Associação Brasileira de Psicopedagogia da Seção São Paulo (ABPp SP).

Valéria Rivellino

Psicopedagoga titular da Associação Brasileira de Psicopedagogia (ABPp), mestra em Psicologia, pedagoga. Atuação em psicopedagogia clínica e empresarial com mais de 30 anos de experiência. Professora em cursos de pós-graduação em Psicopedagogia. Cursos na Udemy. Mentora. Supervisora. Colaboradora no ambulatório de Distúrbios da Aprendizagem, Nani/CPN/Unifesp (2010/2015). Coautora de livros na área da Psicopedagogia. Cofundadora da Comunicar & Aprender: espaço de aprofundamento e formação em educação.

Vanessa Cardoso Costa e Silva Santos

Licenciada em Pedagogia pela Unip. Pós-graduada em Psicopedagogia Institucional e Clínica. *Master practitioner* em Programação Neurolinguística (PNL). Coordenadora pedagógica na Educação Infantil desde 2001. Psicopedagoga com experiência em atendimento clínico e institucional. Psicopedagoga clínica voluntária no projeto social ABPp SP Vai à Comunidade.

Wylma E. T. Ferraz

Graduação em Pedagogia pela Universidade Presbiteriana Mackenzie. Especialização em Psicopedagogia pelo Instituto Sedes Sapientiae/SP, Psicopedagogia Clínica e Institucional. Supervisora clínica no consultório e supervisora no Projeto Social da ABPp SP. Professora convidada da pós-graduação do curso de Psicopedagogia da Universidade Presbiteriana Mackenzie. Orientadora educacional em escola particular. Neuropsicóloga (em formação) pelo CDN. Especialista em *Learning Processes by Lindamood-Bell*. Diretora secretária da Associação Brasileira de Psicopedagogia Seção São Paulo (ABPp SP), gestão 2023-2025.